조주 기능사
Craftsman Bartender

PREFACE

본 조주기능사 교재는 수험생 여러분의 필기시험 합격을 위한 최적의 컨텐츠로 구성되어진 합격 프로젝트 교재입니다. 단시간 내에 수험생들의 점수향상 및 실력체크를 할 수 있는 내용들로 이루어져 있습니다. 조주기능사 시험 특성 상 반복 출제되는 내용이 많은 만큼 해설부분에도 이러한 핵심적인 내용을 반복적으로 제시함으로써 수험생 여러분들의 기억 속에 있는 내용을 다시 한번 되짚어 볼 수 있도록 구성하였습니다.
본 교재의 구성은 다음과 같습니다.

1. 과목별 핵심 키워드
2. 과목별 기출예상문제
3. 시험 대비 동형모의고사
4. 3일 완성 스케줄링

또한, 내용의 이해를 돕기 위해 시험에 자주 등장하는 그림 및 도표 등의 자료를 제시하였습니다. 이를 한 눈에 파악함으로써 체계적인 학습을 할 수 있도록 하였습니다. 이는 타 교재에서는 찾아볼 수 없는 우리 교재만의 노하우로서 얼마 남지 않은 짧은 시간 내에 최종 정리를 할 수 있도록 구성하였습니다.

본 교재를 짧은 시간 내에 100% 활용하기 위해서는 아래와 같은 방법을 권합니다.
첫째, 3일 완성 스케줄링에 맞춰 내용을 완벽하게 정리한다.
둘째, 정리한 내용들을 기반으로 해당 문제들을 풀어보며, 틀린 문제의 경우에는 해설 부분의 내용을 참고하여 다시 한번 정리한다.
셋째, 시험 대비 동형모의고사로 실전 감각을 익힌다.
넷째, 수험생 여러분들을 위해 제시한 그림 및 표에 있는 내용들은 반드시 습득한다.

위 사항들만 잘 지킨다면 수험생 여러분들의 조주기능사 필기시험은 수월하게 통과할 것이라 자부합니다.

INFORMATION

 조주기능사 개요

조주기능사는 조주에 관한 숙련기능을 가지고 조주작업과 관련되는 업무를 수행할 수 있는 전문인력을 양성하고자 제정된 자격제도이다. 조주기능사는 주류, 음료류, 다류 등에 대한 재료 및 제법의 지식을 바탕으로 칵테일을 조주하고 호텔과 외식업체의 주장관리, 고객관리, 고객서비스, 경영관리, 케이터링 등의 업무를 수행한다.

 취득방법(필기)

- 시행처 : 한국산업인력공단
- 훈련기관 : 전문계고교 관광계열, 조리계열 및 대학의 호텔관광경영학과, 호텔외식조리관련 학과와 조주기능사 관련 직업훈련 교육기관 등
- 시험과목 : 양주학개론, 주장관리개론, 기초영어
- 검정방법 : 객관식 4지 택일형, 60문항(60분)
- 합격기준 : 100점 만점에 60점 이상
- 응시자격 : 제한 없음
- 실시기관 홈페이지 : http://www.q-net.or.kr

 출제기준(필기)

주요항목	세부항목	세세항목
1. 음료론	1. 음료의 개념	1. 음료의 개념
	2. 음료의 역사	1. 음료의 역사
	3. 음료의 분류	1. 음료의 분류
2. 양조주	1. 양조주의 개념	1. 양조주의 개념
	2. 양조주의 분류 및 특징	1. 양조주의 분류 및 특징 2. 양조주의 제조방법
	3. 와인	1. 각국 와인의 특징 2. 각국 와인의 등급 3. 각종 와인의 제조방법
	4. 맥주	1. 각국 맥주의 특징 2. 맥주의 제조방법
3. 증류주	1. 증류주의 개념	1. 증류주의 개념
	2. 증류주의 분류 및 특징	1. 증류주의 분류 및 특징 2. 증류주의 제조방법
4. 혼성주	1. 혼성주의 개념	1. 혼성주의 개념
	2. 혼성주의 분류 및 특징	1. 혼성주의 분류 및 특징 2. 혼성주의 제조방법

5. 전통주	1. 전통주의 특징	1. 전통주의 역사와 특징
	2. 지역별 전통주	1. 지역별 전통주의 종류, 특징 및 제조법
6. 비알코올성 음료	1. 기호음료	1. 차 2. 커피
	2. 영양음료	1. 과실·채소 등 주스류 2. 우유 및 발효음료
	3. 청량음료	1. 탄산음료 2. 무탄산음료
7. 칵테일	1. 칵테일 개론	1. 칵테일 개론
	2. 칵테일 만드는 기법	1. 칵테일 만드는 기법
	3. 칵테일 부재료	1. 칵테일 부재료
	4. 칵테일 장식법	1. 칵테일 장식법
	5. 칵테일 잔과 기구	1. 칵테일 잔과 기구
	6. 칵테일 계량 및 단위	1. 칵테일 계량 및 단위
8. 주장관리	1. 주장의 개요	1. 주장의 개요
	2. 주장의 조직과 직무	1. 주장의 조직과 직무
	3. 주장 운영 관리	1. 구매 2. 검수 3. 저장과 출고 4. 바의 시설과 기물관리 5. 바의 경영관리
	4. 식품위생 및 관련법규	1. 위생적인 주류 취급 방법 2. 주류판매 관련 법규
	5. 고객서비스	1. 테이블매너 2. 바 종사원의 자세 3. 주문받는 요령 4. 음료별 적정 서비스
9. 술과 건강	1. 술과 건강	1. 술이 인체에 미치는 영향
10. 고객서비스영어	1. 음료	1. 양조주 2. 증류주 3. 혼성주 4. 칵테일 5. 비알콜성 음료 6. 전통주 7. 기타 주류 영어
	2. 주장 관련 영어	1. 주장 서비스 영어 2. 호텔외식관련 영어

STRUCTURE

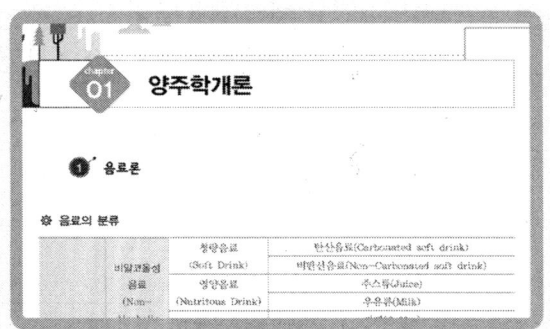

과목별 핵심 키워드
시험에 자주 출제되는 내용을 핵심 키워드로 정리하여 짧은 시간 내에 공부할 수 있도록 구성하였습니다.

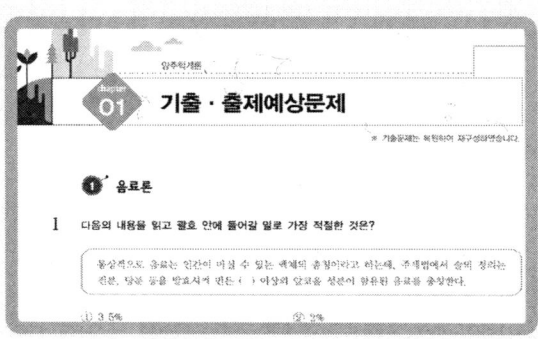

기출·출제예상문제
복원한 기출문제와 함께 출제가능한 예상문제를 수록하였습니다. 또한 자세한 해설로 인해 핵심적인 내용을 반복하여 학습할 수 있습니다.

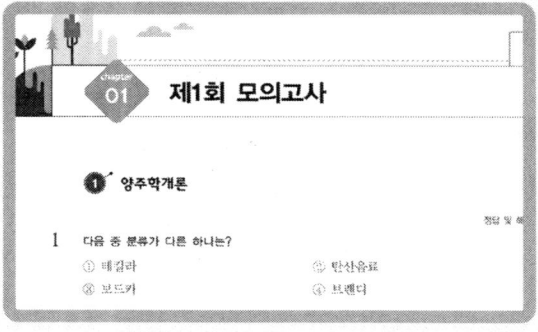

모의고사
시험 대비 최종 마무리를 위한 모의고사를 2회분 수록하였습니다. 실전과 같은 연습으로 부족한 부분을 보충할 수 있습니다.

CONTENTS

1일차. 양주학개론에 대해서 알아보자!
01. 양주학개론 ·· 10
  기출·출제예상문제 / 38

2일차. 주장관리와 서비스 영어에 대해서 알아보자!
01. 주장관리개론 ·· 98
  기출·출제예상문제 / 110
02. 기초영어 ·· 144
  기출·출제예상문제 / 150

3일차. 모의고사로 마무리하자!
제1회 도의고사 ·· 192
제2회 도의고사 ·· 207
정답 및 해설 ·· 222

1일차. 양주학개론에 대해서 알아보자!

01. 양주학개론
　　기출·출제예상문제

양주학개론

1. 음료론

※ 음료의 분류

음료 (Beverage)				
	비알코올성 음료 (Non-Alcoholic beverage)	청량음료 (Soft Drink)	탄산음료(Carbonated soft drink)	
			비탄산음료(Non-Carbonated soft drink)	
		영양음료 (Nutritous Drink)	주스류(Juice)	
			우유류(Milk)	
		기호음료 (Fancy Taste)	커피(Coffee)	
			차(Tea)	
			코코아(Cocoa)	
	알코올성 음료 (Alcoholic beverage)	양조주 (Fermented Liguor)	맥주(Beer)	
			포도주(Wine)	
			과실주(Fruit Wine)	
			곡주(Grain Wine)	
		증류주 (Distilled Liguor)	위스키 (Whisky)	스카치 위스키(Scotch whisky)
				아이리쉬 위스키(Irish whisky)
				아메리칸 위스키(American whisky)
				캐나디언 위스키(Canadian whisky)
			브랜디(Brandy)	
			진(Gin)	
			보드카(Vodka)	
			럼(Rum)	
			테킬라(Tequila)	
			아쿠아비트(Aquavit)	
		혼성주 (compounded Liguor)	과실류(Fruits)	
			종자류(Beans and Kernels)	
			약초 향초류(Herbs and Spices)	
			크림류(Creme)	

② 양조주

✿ 양조주
- 맥주(Beer)
- 포도주(Wine)
- 과실주(Fruit Wine)
- 곡주(Grain Wine)

✿ 세계 여러 나라에서 활용하는 맥주의 명칭

나라	맥주 명칭	나라	맥주 명칭
독일	비어 - bier	덴마크	오레트 - ollet
포르투칼	세르베자 - cerveja	중국	페이주 - 酒(pijiu)
프랑스	비에르 - biere	스페인	세르비자 - cerveja
체코	피보 - pivo	일본	비루 - (ビール)
이탈리아	비르라 - birra	한국	맥주
러시아	피보 - pivo		

✿ 양조용 대맥의 조건
- 단백질이 적은 것이어야 한다.
- 95% 이상의 발아력이 왕성한 것이어야 한다.
- 전분함유량이 많고 수분함유량이 10% 내외로 잘 건조된 것이어야 한다.
- 곡피가 얇고 맥립이 균일한 크기로 둥글며 담황색을 띠고 있는 것이어야 한다.

☼ 맥주의 성분

성분	농도(%)	성분의 수	성분의 주요 출처
물	90	1	양조용수
알코올	4	1	효모, 맥아
탄수화물	4	16	맥아, 부원료
무기염류	0.8	10	양조용수, 맥아
질소화합물	0.3	35	맥아
유기산	0.2	13	효모, 맥아
Co	0.5	1	효모
기타	0.2	750	효모, 맥아, 호프
계		827	

☼ 생맥주 취급방법

- 생맥주의 서비스 온도는 3~4℃ 정도가 적당하다.
- 생맥주는 미살균 상태이므로 2~3℃ 에서 저장한다.
- 직사광선을 피해서 그늘지고 통풍이 잘 되는 곳에 저장한다.
- 생맥주통의 압력은 맥주가 3℃ 정도일 때 12~14 파운드를 유지해야 한다.
- 생맥주는 오래 저장하면 맛이 변질되기 때문에 선입선출(First In First Out)의 원칙을 철저히 지켜야 한다.

☼ 맥주의 원료

- 대맥
- 효모
- 홉
- 물

☼ 상면(上面) 발효 맥주

① 개념 : 발효 중 액의 표면에 떠오르는 상면 발효 효모를 활용하여 비교적 고온에서 발효시킨 맥주로서 주로 영국에서 많이 생산되고 있다.

② 종류

　㉠ 포터(Porter) : 색은 검지만, 쓴맛이 덜 강한 영국의 포터(Porter : 짐을 운반하는 사람)들이 즐겨 마시던 흑맥주를 의미하며, 포터 맥주의 주정 도수는 5~6%이다.

　㉡ 에일 맥주(Ale Beer) : 호프를 많이 넣어 쓴맛이 강하며, 거품이 적은 영국에서 주로 생산되는 맥주를 의미한다.

　㉢ 스타우트 맥주(Stout Beer) : 상면 발효 효모에 의해 영국에서 만들어지는 맥주로서 맥아를 담색의 것보다 더욱 더 강하게 볶아서 그 속에 함유된 당분이 캐러멜화 되도록 만든 것을 말한다. 또한, 살균이 되고 주정 도수가 6~8% 정도로 강한 흑맥주이다.

☼ 대표적인 하면 발효 맥주(Bottom Fermenting Beer)

- 라거(Lager)
- 뮌헤너(Münchener)
- 필스너(Pilsener)
- 보크(Bock)

☼ 와인 품질의 결정요소

- 양조기술
- 환경요소
- 포도품종

☼ 화이트와인의 품종

- 샤르도네(Chardonnay)
- 리슬링(Riesling)
- 피노 그리지오(Pinot Grigio)
- 슈냉 블랑(Chenin Blanc)
- 무스카데(Muscadet)
- 뮐러 트루가우(Muller-thurgau)
- 쇼비뇽 블랑(Sauvignon Blanc)
- 세미용(Semillon)
- 게부르츠트라미너(Gewurztraminer)
- 무스카트(Muscat)
- 피노블랑(Pinot Blanc)

☼ 와인의 보관방법

보관 조건	보관 방법
고온	와인 보존에 적합한 온도는 10~14℃ 정도이며, 온도가 높으면 빨리 숙성되어 변질되기 쉽고, 온도가 너무 낮으면 숙성이 멈춘다.
건조	습도가 낮으면 코르크가 건조해져 배기 어려워지고 미생물이 침입하기 쉬워진다. 와인에 적당한 습도는 70% 정도이다.
온도변화	온도 변화가 크면 와인은 쉽게 변질된다. 가능한 한 온도 변화가 적은 장소가 적합하다.
냄새	다른 냄새가 있으면 와인에 그 냄새가 옮겨져 와인의 독특한 향기가 사라진다.
빛	형광등이나 햇빛은 와인의 질을 떨어뜨린다. 와인 병에는 광선을 차단시키는 물질이 사용되어 있지만 대체로 주의를 할 필요가 있다.
진동	병에 진동이 가해지면 성숙 속도가 빨라져 질의 저하를 초래한다.
남은 와인	와인은 마개를 딴 그 날 안으로 다 마시는 것이 원칙이다. 공기에 접촉된 상태로 두게 되면 산화가 진행되어 와인의 풍미를 느낄 수 없게 된다. 마시지 못해 3, 4일이 지난 것은 와인으로 마시기보다는 요리에 쓰도록 한다.

☼ 구세계 와인의 특징

- 알코올 도수가 낮다.
- 섬세한 아로마를 지닌다.
- 신 맛이 상당히 강하다.
- 상대적으로 바디감이 약하다.
- 상당히 드라이한 맛이 난다.
- '허브', '흙', '광물질' 등의 느낌이 강하다.
- 병에서 오랫동안 숙성이 가능하다.
- 오픈한 뒤에 비교적 오랫동안 산화에 견딜 수 있다.

☼ 신세계 와인의 특징

- 강렬한 아로마를 지닌다.
- 바디감이 강하다.
- 알코올 도수가 높다.
- 그렇게 드라이하지 않다.

- 상대적으로 신 맛이 적다.
- '잼', '과일' 등의 느낌이 강하다.
- 오래 숙성시키기보다는 빨리 즐기는 편이 좋다.

☼ 와인의 분류

생산 방법에 의한 분류	비발포성 와인, 주정강화 와인, 발포성 와인, 가향 와인
색상에 의한 분류	레드 와인, 화이트 와인, 로제 와인
용도에 의한 분류	식전 와인, 테이블 와인, 디저트 와인
당도에 의한 분류	드라이 와인, 스위트 와인
저장 기간에 의한 분류	영 와인, 에이지드 와인, 그레이트 와인

☼ 레드 와인의 품종

- 말벡
- 시라
- 그르나슈
- 산지오베제
- 까베르네 소비뇽
- 가메
- 메를로
- 삐노 누아
- 까베르네 프랑

☼ 적포도 품종

- 그르나슈
- 시라
- 삐노 누아르
- 메를로
- 가메
- 까베르네 쏘비뇽

☼ 백포도 품종

- 쇼비뇽 블랑
- 쎄미용
- 게브르츠트라미너
- 리슬링
- 뮈스까데
- 샤르도네

☼ 샴페인의 제조과정

포도 수확 → 분쇄 → 압착 → 1차 발효 → 혼합 → 병입 → 2차 발효 → 숙성 → 찌꺼기 제거 → 코르크 막기 → 병 숙성

☼ 원액의 숙성기간에 따른 브랜드 품질 구분

- Three star : 3~10년
- VSO : very superior old, 10~20년
- VSOP : very superior old pale, 20~30년
- VVSOP(very very superior old pale), XO(extra old) 또는 Napoleon : 50~70년
- Extra : 70년 이상

☼ 와인 등급표

국명 \ 분류	일반 소비용 와인	
	테이블 와인, 산지가 다른 포도나 와인을 섞어서 만든 와인	지방 와인, 한정된 산지에서 만든 와인
프랑스	Vins de Table	Vins de Pays
독일	Deutscher-Tafelwein	Landwein
이탈리아	Vino da Tavola (VdT)	Vino da Tavola Indicazione Geografica Tipica (VdIGT)
스페인	Vino de Mesa	Vino de la Tierra
포르투칼	Vinho de Mesa	Vinho Regional

☼ 와인의 분류

① 생산 방법에 의한 구분
- 비발포성 와인(Still Wine)
- 발포성 와인(Sparkling Wine)
- 주정강화 와인(Fortified Wine)
- 가향 와인(Flavored Wine)

② 색상에 의한 구분
- 로제 와인(Rose Wine)
- 레드 와인(Red Wine)
- 화이트 와인(White Wine)

③ 용도에 의한 구분
- 테이블 와인(Table Wine)
- 디저트 와인(Dessert Wine)
- 식전 와인(Aperitif Wine)

④ 당도에 의한 구분
- 스위트 와인(Sweet Wine)
- 드라이 와인(Dry Wine)

⑤ 저장 기간에 의한 구분
- 영 와인(Young Wine)
- 에이지드 와인(Aged Wine)
- 그레이트 와인(Great Wine)

⑥ 수확의 연도 표기 유무에 의한 구분
- 빈티지 와인(Vintage Wine)
- 넌 빈티지 와인(None Vintage Wine)

☀ 와인에 의한 서비스 적정 온도

온도	와인의 종류	추천 와인
6~8℃	샴페인이나 발포성 와인	스파클링 와인
9~10℃	화이트 와인	꼬뜨 뒤 프로방스, 따벨, 부르고뉴의 화이트 와인 등
10~13℃	가벼운 맛의 레드 와인과 로제 와인	샤블리, 무스까데, 알자스 리스링, 앙주 지방, 로제 와인 등
13~15℃	중간 정도의 무겁고 중후한 맛이 나는 레드 와인	론 와인, 보졸레, 알자스, 키안티 와인 등
15~18℃	무겁고 중후한 맛이 나는 레드 와인	보르도, 부르고뉴, 바롤로 지역 와인 등

☀ 이상적인 와인 글라스 조건

- 유리의 두께는 되도록 얇아야 함
- 지름이 6.5cm 이상이어야 함
- 와인의 색, 향기, 맛 등을 살릴 수 있도록 무색투명해야 함
- 향기가 글라스의 안에 머물게 할 수 있도록 글라스의 테두리가 약간 안쪽으로 휘어들어 가야 함

3 증류주

☀ 럼(Rum)의 분류

① 맛에 의한 분류
- Heavy Rum : 감미(甘味)가 강하며, 색이 짙은 갈색으로서 자마이카산이 대표적이다.
- Medium Rum : 감미가 강하지 않고 색이 연한 갈색으로서 Martinique가 유명하다.
- Light Rum : 부드럽고 델리케이트한 맛으로서 청량음료와의 칵테일 혼합에 적당하다.

② 색(色)에 의한 분류
- Dark Rum : 색이 짙고 갈색이 나는 것으로 자마이카산이 이에 해당한다.
- Gold Rum : 앰버 럼(Amber Rum)이라고 불리어지며 캐러멜 색소로 착색한 것이다.
- White Rum : 백색 또는 무색으로 실버 럼(Silver Rum)이라고 하며 칵테일용이다.

☼ 세계 각국의 대표적인 술

구분	한국	영국	프랑스	중국	러시아	카리브해
증류주	소주	위스키	브랜디	고량주	보드카	럼
발효주	막걸리	맥주	와인	홍주		
원료	쌀	보리	포도	수수	감자	사탕수수

☼ 연속식 증류법(Patent Still)

- 비교적 현대식 증류법에 해당함
- 높은 초기 시설비
- 단식 증류법에 비해 맛과 향이 떨어짐
- 한 번에 높은 도수의 알코올을 만들 수 있음
- 대량 생산 및 보통의 품질을 가진 증류주를 만들 때 용이함

☼ 단식 증류법(Pot Still)

- 전통적으로 오랫동안 사용되는 방식
- 뛰어난 맛과 향
- 소량 생산으로 고품질의 증류주를 만들 때 활용함
- 높은 도수의 알코올을 만들기 위해서 재증류를 해야 함

☼ 버번 위스키

- 짐 빔(Jim Beam)
- 우드포드 리절브(Woodford Reserve Distillery)
- 메이커스 마크(Maker's Mark)
- 어얼리 타임스(Early Times)
- 이반 윌리암스(Evan Williams)
- 파이팅 코크(Fighting Cock)
- 놉 크릭(Knob Creek)
- 올드 그랜드 대드(Old Grand-Dad)
- 올드 테일러(Old Taylor)
- 와일드 터키(Wild Turkey)
- 잭다니엘스(Jack Daniel's)
- 조지 딕켈(George Dickel)

☼ 위스키의 일반적인 제조과정
맥아 제조→제분 및 혼합→발효→증류→숙성→브랜딩→병입

☼ 위스키 생산지에 따른 분류
- 스카치 위스키(Scotch Whisky)
- 아메리칸 위스키(American Whisky)
- 아이리시 위스키(Irish Whisky)
- 캐나디언 위스키(Canadian Whisky)

☼ 유명 스카치 위스키 브랜드

| 발렌타인 | 조니워커 | 시바스 리갈 | 화이트 호스 | 커티 삭 |
| (Ballantine) | (Johnnie Walker) | (Chivas Regal) | (White Horse) | (Cutty Sark) |

☼ 유명 아이리시 위스키 브랜드

| 제임슨 | 올드 부쉬밀 | 툴라모어 듀 | 머피 | 패디 |
| (Jameson) | (Old Bushmills) | (Tullamore Dew) | (Murph's) | (Paddy's) |

유명 캐나디안 위스키 브랜드

캐나디안 클럽
(Canandian Club)

시그램스 V.O
(Seagram's V.O)

크라운 로얄
(Crown Royal)

블랙 벨벳
(Black Velvet)

로드 칼버트
(Load Calvert)

테킬라의 구분

- 블랑코(Blanco)
- 레포사도(Reposado)
- 아네호(Anejo)

원료에 의한 위스키의 구분

몰트 위스키 (Malt Whisky)	맥아 100%를 원료로 활용했으며, 피트를 활용해서 맥아를 건조해 피트향이 잘 배어 있다. 단식 증류법을 활용하고, 오크향이 조화를 이룬다.
그레인 위스키 (Grain Whisky)	분쇄한 맥아에 발아시키지 않은 보리, 호밀, 옥수수 등을 혼합해서 당화, 발효한다. 연속식 증류법을 활용하며, 피트향이 거의 없어 부드럽고 순한 맛을 낸다.
블렌디드 위스키 (Blended Whisky)	몰트 위스키의 강한 향이나 맛 등을 그레인 위스키와 혼합과정을 통해서 부드럽게 만든 위스키이다. 처음 위스키를 접한 사람도 부담 없이 즐길 수 있다.
라이 위스키 (Rye Whisky)	호밀을 66% 이상 주원료로 활용한 위스키이다.
콘 위스키 (Corn Whisky)	미국 남부에서 생산되고 옥수수를 80% 이상 주원료로 활용한 위스키이다.

☼ 대표적인 아메리칸 위스키(American Whisky)
- I.W. 하퍼(I.W. Harper)
- 얼리 타임즈(Early Times)
- 잭 다니엘(Jack Daniel's)
- 올드 그랜 데드(Old Grand Dad)
- 짐 빔(Jim Beam)
- 와일드 터키(Wild Turkey)

④ 혼성주

☼ 대표적인 혼성주
- 앙고스투라 비터(Angostura Bitters) : 트리니다드 토바고에서 생산되는 비터이다.
- 시나(Cynar) : 와인에 아티초크를 배합한 리큐어로 약간 진한 커피색을 띤다.
- 삼부카(Sambuca) : 이탈리아에서 생산되는 리큐어로서 Anisette와 비슷한 술이다.
- 샤르트뢰즈(Chartreuse) : 프랑스어로 수도사란 뜻으로 리큐어의 여왕이라고 불린다.
- 칼루아(Kahlua) : 멕시코산 커피, 코코아, 바닐라 향을 첨가한 커피 리큐어이다.
- 예거마이스터(Jagermeister) : 1878년에 만들어진 독일산 허브 리큐어로서 56가지의 재료를 사용해서 만든다.
- 캄파리(Campari) : 각종 식물의 뿌리, 씨, 향초, 껍질 등 70여 가지 재료로 만들어지는 빨간색의 이탈리아 리큐어이다.
- 아드보카트(Advocaat) : 브랜디에 계란노른자, 설탕, 바닐라 향을 첨가한 네덜란드의 계란술이다.
- 아니세트(Anisette) : 증류주에 아니스 열매, 레몬 껍질, 코리앤더 등의 향미를 첨가하고 시럽으로 단맛을 낸 리큐어이다.
- 아마레토(Amaretto) : 이탈리아의 리큐어로 살구 씨를 물과 함께 증류하여 향초 성분과 혼합하고 시럽을 첨가해서 만든다.
- 아이리시 미스트(Irish Mist) : 아이리시 위스키와 꿀, 허브 등으로 만드는 아일랜드산 혼성주이다.
- 드람부이(Drambuie) : 스코틀랜드산 리큐어로 '사람을 만족시키는 음료'란 뜻이다. 스카치 위스키에 꿀, 허브 등을 첨가해서 만드는 암갈색의 술이다.
- 갈리아노(Galliano) : 오렌지, 아니스, 바닐라 등 각종 약초 40여종으로 만들며 연한 황금빛을 띤 이탈리아산 리큐어이다.

- 큐라소(Curacao) : 베네수엘라 북방 20km 떨어진 카리브 해의 큐라소 섬에서 재배되는 오렌지를 원료로 만들어진 리큐어이다. 이외에도 쿠앵트로(Cointreau), 그랑 마니에(Grand Marnier), 트리플 섹(Triple Sec) 등도 오렌지 껍질로 만든 리큐어이다.
- 베네딕틴(Benedictine) : 1510년경에 프랑스에서 만들어진 혼성주로서 안젤리카, 박하, 주니퍼 베리, 시나몬, 너트메그, 바닐라, 레몬 껍질, 벌꿀 등 약 27종의 약초를 사용하여 만든다. bottle에 적힌 D.O.M은 라틴어로 '데오 옵티모 맥시모(Deo Optimo Maximo)'로서 '가장 선하고 가장 위대한 신에게'라는 뜻이다.

☼ 혼성주의 종류

① 과실류
- 미도리(Midori)
- 칼바도스(Calvados)
- 슬로우 진(Sloe Gin)
- 그랑 마니에(Grand Marnier)
- 애플 퍼커(Apple Pucker)
- 바나나 리큐르(Banana Liqueur)
- 코인트로(Cointreau)
- 트리플 섹(Triple Sec)
- 블루 큐라소(Blue Curacao)
- 코코넛 럼(Coconut Rum)
- 체리 브랜디(Cherry Brandy)
- 애프리콧 브랜디(Apricot Brandy)

체리 브랜디　트리플 섹　슬로우 진　그랑 마니에　미도리　코코넛 럼

바나나 리큐르　애플 퍼커　코인트로　에프리콧 브랜디　칼바도스　블루 큐라소

② 향초류
- 갈리아노(Galliano)
- 버무스(Vermouth)
- 베니딕틴(Benedictine)
- 캄파리(Campari)

　　버무스　　　갈리아노　　　캄파리　　　베니딕틴

③ 종자류
- 베일리스(Baileys)
- 깔루아(Kahula)

　　깔루아　　　베일리스

④ 크림류
- 크림 디 카카오(Creme de Cacaco)
- 크림 디 카시스(Creme de Cassis)
- 크림 디 민트(Creme de Menthe)

크림 디 민트 　 크림 디 카카오 　 크림 디 카시스

☼ Gin Fizz

- 맛 : 청량감을 주는 부드러운 맛(레몬의 신맛과 설탕의 단맛이 먹기 좋은 심플한 맛을 냄)
- 글라스 : 하이볼
- 기법 : 흔들기(Shake) + 직접 넣기(Build)
- 장식 : 슬라이스 레몬

5 전통주

☼ 시판되고 있는 민속주 및 향토주 구분

민속주	• 서울 삼해주 • 경기 동동주(부의주) • 충남 한산 소곡주 • 전북 김제 송순주 • 전남 진도 홍주 • 경북 안동 소주 • 제주 오메기술	• 서울 문배주 • 충북 중원 청명주 • 충남 면천 두견주 • 전북 전주 이강주 • 경북 경주 교동 법주 • 경북 김천 과하주
향토주	• 부산 금정 막걸리 • 제주 좁쌀 약주 • 전남 승주 사삼주 • 경남 남해 유자주 • 강원 평창 감자주 • 인천 영선주 • 전북 전주 장군주	• 안양 옥미주 • 인천 칠선주 • 경남 함양 국화주 • 강원 횡성 율무주 • 강원 춘천 강냉이엿술 • 전북 완주 송죽오곡주 • 충북 청주 대추술

☀ 소곡주
- 우리나라에서 가장 오랜 역사를 가진 술 중의 하나이다.
- 누룩이 적게 들어간다 하여 붙여진 이름으로서, 지금으로부터 1,500년 전부터 전승되어 온 명주 중의 명주이다.

☀ 문배주
- 중요 무형문화재 제86호로 지정된 술이다.
- 우리나라의 평안도 지방에서 전승되어 오는 술로 술의 향기가 문배나무의 과실에서 풍기는 향기와 같다 하여 붙여진 이름이다.
- 원료는 밀·좁쌀·수수이고, 누룩의 주원료는 밀이다.
- 보통 6개월~1년 동안 숙성시켜 저장하는데 문배나무의 과실을 전혀 사용하지 않고도 문배향을 풍긴다.

☀ 경주법주
- 법주의 주원료는 토종 찹쌀, 물, 밀로 만든 누룩이다.
- 신라의 비주(秘酒)라 일컬어지는 술이다.

☀ 감홍로
누룩과 고두밥 등으로 만든 술을 2번 증류한 후에 숙성시키고 10여 개의 한약재를 침출시켜 1~5년 동안 숙성시킨 전통주이다.

☀ 선운산 복분자주
- 선운산 일대에서 자생하고 있는 산딸기를 활용해서 만든 술이다.
- 서해안의 해풍으로 과실의 육질이 뛰어나다.
- 이뇨 작용이 뛰어나다.

☀ 안동소주
- 누룩과 고두밥을 물과 적당한 비율로 섞은 다음 15일 정도 발효시킨다.
- 처음에 증류할 때는 80도 가량의 높은 도수가 나타나지만 점차적으로 도수가 내려가서 45도가 되면 증류를 마치게 된다.

☀ 홍주
보리 및 쌀, 누룩 등으로 만든 술에 지초를 활용해서 색과 맛 그리고 향을 낸 우리나라의 전통주이다.

6 비알코올성 음료

☼ 커피의 3대 원종

커피(Coffee)	아라비카(Arabica)
	로부스타(Robusta)
	리베리카(Liberica)

☼ 커피 품종의 특징

구분	코페아 아라비카	코페아 카네포라(로부스타)
원산지	에티오피아	콩고
'종'으로 기술된 시기	1753년	1895년
하부 품종	티피카, 버본, 카투라, 문도노보, 카투아이 등	로부스타, 코닐론
관능 특성	향기 풍부, 좋은 신맛과 단맛	향기 부족, 쓴맛
용도	원두커피(스트레이트 커피, 블렌드 커피에 사용)	인스턴트 커피(믹스 커피)
생산량	세계 총 생산량의 65~70%	30~35%
재배 특성	병충해에 약함	병충해에 강함
재배 고도	해발 800~2,000m의 고지대	600m 이하 저지대
재배 온도	연평균 기온 15~24℃	연평균 기온 24~30℃
카페인 함량	1~2%	2~4%
섬유질	평균 1.2%	평균 2%
생산량(kg/ha)	1,500~3,000	2,300~4,000
뿌리	깊게 내림	얕게 내림
염색체	44개	22개
개화~결실 기간	9개월	10~11개월
성숙한 열매	떨어짐	나무에 붙어 있음
최적 강우량	1,500~2,000mm	2,000~3,000mm

☼ 커피 추출 기구의 재질에 따른 분류

- 유리 드리퍼
- 금속 드리퍼
- 플라스틱 드리퍼
- 도기(세라믹) 드리퍼

    도기 드리퍼   금속 드리퍼   유리 드리퍼

☼ 커피 추출 기구의 형태에 따른 분류

- 고노 드리퍼
- 멜리타 드리퍼
- 칼리타 드리퍼
- 하리오 드리퍼

  칼리타 드리퍼   멜리타 드리퍼   고노 드리퍼   하리오 드리퍼

☼ 살균방법에 따른 우유의 분류

① 저온 살균우유(LTLT : Low Temperature Long Time)
  ㉠ 60~65℃에서 약 30분간 살균하는 방식이다.
  ㉡ 이것은 병원성의 미생물을 죽이고 동시에 영양분의 파괴를 최소화시키기 위한 방식이다.
  ㉢ 장점 : 영양소의 파괴가 덜하다.
  ㉣ 단점 : 보관이 어렵고 생산비용이 많은 관계로 고가이며 많은 미생물이 잔존하고 있다.

② 고온 살균우유(HTST : High Temperature Short Time)
  ㉠ 72~75℃에서 약 12~15초간 살균하는 방식이다.
  ㉡ 미생물들의 번식이 잘 되지 않는 제품 또는 원재료 그대로의 보관이 용이한 제품들을 생산한다.

③ 초고온 살균우유(UHT : Ultra High Temperature)
  ㉠ 130~135℃에서 약 2~3초간 살균하며, 현재 가장 널리 활용되는 방식이다.
  ㉡ 장점 : 미생물들의 증식으로 인한 변질의 가능성이 가장 낮다.
  ㉢ 단점 : 일부의 영양소가 파괴될 우려가 있다.

☼ 커피 로스팅의 단계 및 애그트론(Agtron) 번호

SCAA Color Tile	Description	Agtron No	Features
#95	라이트 로스트	80~95	강하고 얼얼한 신맛
#85	시나몬 로스트	70~80	강한 신맛, 미비한 바디
#75	미디엄 로스트	60~70	강하고 산뜻한 신맛
#65	하이 로스트	60~70	산뜻한 신맛
#55	씨티 로스트	50~60	약한 신맛, 바디
#45	풀 시티 로스트	45~50	미미한 신맛, 강한 바디
#35	프렌치 로스트	35~40	강한 단맛, 강한 쓴맛
#25	이탈리안 로스트	25~30	약한 단맛, 쓴맛, 탄맛

☀ 에스프레소를 활용한 여러 가지 메뉴

① 차가운 메뉴

아이스 에스프레소	셰이커에 에스프레소 2잔, 큰 얼음 4~5개 정도, 설탕 시럽 10~20㎖를 넣은 다음 셰이킹한다. 칵테일 글라스에 붓고 작은 얼음 한 개 정도를 더 넣은 다음 제공한다.
아이스 아메리카노	350~400㎖의 잔에 얼음 7~8개와 에스프레소 2잔을 넣고 냉수를 9부까지 채워 준다.
아이스 카페 라떼	350~400㎖의 잔에 얼음 7~8개와 에스프레소 2잔을 넣고 우유를 8부까지 채워 준다. 이 때 진하게 마시기를 원하면 룽고를 사용한다.
아이스 카푸치노	진한 에스프레소와 부드러운 우유 거품이 잘 소화된 커피로 340~400㎖의 잔에 얼음을 8부까지 올린 다음 에스프레소 2잔을 넣고 우유를 6부까지 채워 준다. 그 위에 우유 거품을 스푼으로 떠서 8부까지 올린다.
아이스 카페 비엔나	아이스 아메리카노에 설탕 시럽 10~20㎖를 넣고, 그 위에 생크림을 올린 다음 레인보우, 원두 2~3알, 아몬드 가루 등으로 장식한다.
아이스 카페 모카	50~400㎖의 잔에 초콜릿 시럽으로 띠를 만든 후 얼음을 5~6개 넣고 초콜릿 시럽 20㎖, 찬 우유 150㎖, 더블 에스프레소를 붓는다. 휘핑크림을 올리고 초콜릿 시럽으로 장식한다.

② 따뜻한 메뉴

에스프레소	25~30㎖정도 추출하며, 에스프레소 잔에 제공한다.
도피오	2잔의 에스프레소(50~60㎖)를 에스프레소 잔에 제공한다.
리스트레또	짧게 추출한 에스프레소(20~25㎖)를 에스프레소 잔에 제공한다.
룽고	길게 추출한 에스프레소(20~25㎖)를 에스프레소 잔에 제공한다.
아메리카노	에스프레소를 뜨거운 물에 희석한 커피이다.
카페 마키아또	에스프레소 위에 우유 거품 2~3스푼을 올려 에스프레소 잔에 제공한다.
카페 라떼	에스프레소에 데운 우유를 첨가하여 200~250㎖의 잔을 사용한다.
카푸치노	150~180㎖의 잔에 에스프레소, 우유, 우유 거품을 올린다.
카페 콘파냐	에스프레소 위에 생크림을 올려 에스프레소 잔에 제공한다.
카페 비엔나	카페 아메리카노에 설탕 1스푼을 넣고 생크림을 올린 후, 레인보우, 원도 2~3알, 아몬드 가루 등으로 장식한다.
카페 모카	우유 100㎖와 에스프레소 1잔, 초콜릿 시럽 15㎖를 섞어 데운 후 180~200㎖의 잔에 붓는다. 그 위에 휘핑 크림을 올리고 초콜릿 시럽과 초콜릿 가루로 장식한다.

☼ 에스프레소의 맛을 결정하는 4가지 조건

- 그라인더
- 블렌딩
- 바리스타의 손
- 에스프레소 기계

☼ 과일 및 야채

① 라임(Lime)
- 아시아가 원산지이다.
- 레몬과 비슷하지만 완전히 익은 후에도 녹색을 띄고 있다.
- 신맛과 쓴맛이 레몬보다 강하고 레몬만큼 비타민 C가 많이 함유되어 있다.
- 과즙과 장식에 사용한다.

② 레몬(Lemon)
- 칵테일을 만들 때 가장 많이 사용되는 부재료이다.
- 원산지는 동남아시아지만 이탈리아 및 미국 등이 주생산지이다.

③ 파인애플(Pineapple)
- 아나나스과 식물의 열매로서 원산지는 남아메리카이다.
- 과즙과 장식으로 사용한다.

④ 오렌지(Orange)
- 열대 아시아 지역이 원산지이다.
- 지중해 연안의 여러 나라에서 재배한다.

⑤ 체리(Cherry)
- 주 생산 지역은 미국과 유럽이다.
- 붉은색 체리와 녹색 체리의 2가지 형태로 만들어지며 2가지 모두 단맛의 칵테일에 장식을 한다.

⑥ 그레이프프르츠(Grapefruit)
- 과즙을 사용한다.
- 그레이프프르츠 1개에서 약 120㎖의 과즙이 나온다.

⑦ 바나나(Banana)
- 열대지방이 원산지인 파초과에 속하는 다년생 식물이다.
- 전 세계적으로 약 200여 종류가 있다.

⑧ 올리브(Olive)
- 원산지는 지중해 연안이다.
- 익지 않은 열매는 녹색이고 노란색을 거쳐 완전히 익으면 진한 자주색이 된다.

☀ 커피 재배지역

☼ 커피 가공방식의 비교

구분	Dry(Natural) processing	Wet processing
명칭	건식법, 자연건조법	습식법, 수세식
장점	생산단가가 저렴하며 친환경적이다.	품질이 높고 균일하다.
단점	품질이 낮으며 균일하지 않다.	물을 많이 사용하므로 환경오염에 영향을 미친다.
맛의 특성	단맛과 쓴맛의 특성이 잘 나타나고, 바디가 강하며 복합적인 맛이 난다.	신맛의 특성이 잘 나타나고, 향이 좋고 맛이 깔끔하며, 섬세하다.
콩의 표면	깨끗하지 않다.	비교적 깨끗하다.
적용	아라비카의 일부, 대부분의 로부스타	대부분의 아라비카
수분 함량	10~12%	11~13%
국가	브라질, 에디오피아, 예멘, 인도네시아	콜롬비아, 코스타리카, 케냐, 과테말라

 칵테일

☼ 용도에 의한 분류

- 애프터 디너 칵테일(After Dinner Cocktail)
- 애피리티프 칵테일(Aperitif Cocktail)
- 상시용 칵테일(All Day Cocktail)

☼ 시간에 따른 분류

- 롱 드링크(Long Drink)
- 쇼트 드링크(Short Drink)

☼ 칵테일 기구와 잔

① 콜린스 글라스(Collins Glass)

② 바 스푼

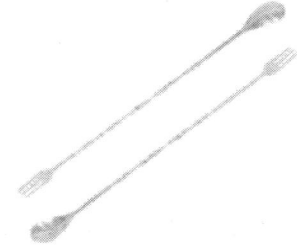

③ 셰이커

④ 리큐르 글라스(Liqueur Glass)

⑤ 보스턴 셰이커(Boston Shaker)

⑥ 푸어러(Pourer)

⑦ 쉐리 글라스(Sherry Glass)

칵테일 계량 단위

① 주요 계량 단위

  ㉠ ounce(온스, oz.) : 30㎖
  - 칵테일 만들 때에 활용되는 기본 용량으로 약 30㎖를 나타낸다.
  - 특히, 1oz.는 1pony라고 한다.

　　ⓒ Table spoon(테이블스푼, Tbs.) : 3/8 oz. ≒ 11.1㎖
　　• 티스푼보다는 많은 3/8 온스이고, 칵테일을 여러 잔 만들 때 또는 많은 양을 만들 때에 활용한다.
　　ⓒ Tea spoon(티스푼, tsp.) : 1/8oz. ≒ 3.7㎖
　　• 설탕이나 약간의 레몬 주스 같은 것을 잴 때에 활용하는 단위이고 양은 1/8 온스이다.
　　ⓔ 핀치(Pinch) : 후추나 조미료처럼 분말로 되어진 향신료를 한 번 뿌려 주는 것을 말한다.
　　ⓜ Jigger(지거, jgr) : 1.5oz. ≒ 45㎖
　　• Base의 기준 용량을 표시할 때에 활용되며 1.5 온스(= 45 밀리리터)이다.
　　ⓑ drop(드롭, dr) : 1/5㎖
　　• Bitters(방울) 종류에 사용하는 단위이다. 1방울 정도.
　　ⓢ Cup(컵, C) : 8oz. ≒ 247㎖ = 1/2Pint
　　• 칵테일을 많이 만들 때에 계량하기 용이하다.
② 병(Bottle)의 용량
　　㉠ Pint(파인트) : 국산 양주 원저나 캔 맥주 큰 것의 사이즈로 480㎖(= 1/8Gallon = 1/2 Quart = 16oz.)
　　ⓒ Tenth(텐스) : 360㎖ 짜리의 작은 양주(= 4/5Pint = 12oz.)
　　ⓒ Quart : 양주병 큰 사이즈로 960㎖에서 1ℓ 짜리(= 1/4 Gallon = 2pints = 32oz.)
　　ⓔ Fifth(피프스) : 양주병의 표준 사이즈로 750㎖(= 1/5 Gallon = 25.6oz.)
　　ⓜ Gallon : 보통 시장에서 파는 대형 캘리포니아산 와인병의 용량으로 손잡이가 달린 양주병 대형 사이즈의 2배이다(= 128oz.).

☼ 칵테일의 주재료

- 보드카
- 브랜디
- 맥주
- 진
- 테킬라
- 리큐르
- 위스키
- 럼
- 와인

☼ 칵테일의 부재료

- 비터
- 청량음료
- 과일
- 소스
- 설탕
- 우유 및 유제품
- 소금
- 꿀
- 버무스
- 시럽
- 야채
- 향료
- 얼음
- 후추
- 계란
- 커피

양주학개론

chapter 01 기출 · 출제예상문제

※ 기출문제는 복원하여 재구성하였습니다.

1 음료론

1 다음의 내용을 읽고 괄호 안에 들어갈 말로 가장 적절한 것은?

> 통상적으로 음료는 인간이 마실 수 있는 액체의 총칭이라고 하는데, 주세법에서 술의 정의는 전분, 당분 등을 발효시켜 만든 ( ) 이상의 알코올 성분이 함유된 음료를 총칭한다.

① 3.5% ② 2%
③ 1%   ④ 0.5%

note 음료는 알코올성 음료 및 비알코올성 음료로 분류되는데, 주세법에서 술의 정의는 전분, 당분 등을 발효시켜 만든 1% 이상의 알코올 성분이 함유된 음료를 총칭한다.

2 다음 중 알코올 음료에 속하지 않는 것은?

① 청량음료 ② 증류주
③ 양조주   ④ 혼성주

note 일반적으로 알코올 음료(Alcoholic)는 제조방법에 따라 양조주, 증류주, 혼성주(재제주)로 분류된다.

3 음료의 역사에 대한 내용으로 가장 옳지 않은 것은?

① 인류가 발견한 최초의 술은 포도주로 추측이 되는데, 기원 전 4천년 청동기 시대의 분묘에서 포도씨가 발견되었고, 이집트에서는 피라미드의 부장품에서 술항아리가 출토되었으며, 벽화에는 포도주를 만드는 모습이 확인되었기 때문이다.
② 맥주의 경우에는 기원 전 3천년 경에 옛 바빌로니아 지방에서 출토된 토제분판(土製粉板) 고대 이집트 지방의 벽화를 통해서 알 수 있다.
③ 커피는 A.D 900년경 예멘에서 양치기에 의해 발견되었다.
④ 19세기 말 스위스에서 사과와 포도를 원료로 제품으로 시판된 것이 최초이다.

> note 커피는 A.D 600년경 예멘에서 양치기에 의해 발견되었다.

4 다음 중 양조용수의 조건으로 바르지 않은 것은?

① 음료기준에 준해야 한다.
② 여러 무기성분이 적당량 함유되어야 한다.
③ 무색, 무미, 무취로 잡균 등의 오염이 없어야 한다.
④ 물은 용도에 관계없이 통합해서 활용된다.

> note 양조용수의 조건
> • 음료기준에 부합해야한다.
> • 각종 무기성분도 적당량 함유되어야 한다.
> • 무색, 무미, 무취로 잡균 등의 오염이 없어야 한다.
> • 물은 침맥용, 담금용, 기계기구세척용, 기관용, 냉각용 등으로 구분하여 활용된다.

Answer
1.③ 2.① 3.③ 4.④

2 양조주

1. 다음 중 곡류나 과일 등을 원료로 당화(糖化) 시키거나 그대로 발효시켜 만든 것은?
   ① 양조주(Fermented Liquor)
   ② 증류주(Distilled Liquor)
   ③ 영양음료(Nutritous Drink)
   ④ 혼성주(Compounded Liquor)

   > **note** 양조주(Fermented Liquor)는 곡류나 과일을 원료로 당화(糖化) 시키거나 그대로 발효시켜 만든 것으로 발효주(醱酵酒)라고도 하며, 보편적으로 알코올 함유량이 20도를 넘지 않아 도수가 낮기 때문에 변질되기 쉬운 단점이 있다.
   >
   > ※ 음료의 분류

음료 (Beverage)			
비알코올성 음료 (Non-Alcoholic beverage)	청량음료 (Soft Drink)	탄산음료(Carbonated soft drink)	
		비탄산음료(Non-Carbonated soft drink)	
	영양음료 (Nutritous Drink)	주스류(Juice)	
		우유류(Milk)	
	기호음료 (Fancy Taste)	커피(Coffee)	
		차(Tea)	
		코코아(Cocoa)	
알코올성 음료 (Alcoholic beverage)	양조주 (Fermented Liguor)	맥주(Beer)	
		포도주(Wine)	
		과실주(Fruit Wine)	
		곡주(Grain Wine)	
	증류주 (Distilled Liguor)	위스키 (Whisky)	스카치 위스키(Scotch whisky)
			아이리쉬 위스키(Irish whisky)
			아메리칸 위스키(American whisky)
			캐나디언 위스키(Canadian whisky)
		브랜디(Brandy)	
		진(Gin)	
		보드카(Vodka)	
		럼(Rum)	
		테킬라(Tequila)	
		아쿠아비트(Aquavit)	
	혼성주 (compounded Liguor)	과실류(Fruits)	
		종자류(Beans and Kernels)	
		약초 향초류(Herbs and Spices)	
		크림류(Creme)	

2 다음 중 양조주가 아닌 것은? (2015년 3회)

① 그라파
② 샴페인
③ 막걸리
④ 하이네켄

> note 그라파(Grappa)는 이탈리아 특산의 증류주 브랜디의 일종이다. 와인을 증류하여 만드는 통상적인 브랜디와는 달리 포메이스(포도 찌꺼기)를 발효시킨 알코올을 증류하여 만든다.

3 다음 중 양조주에 포함되지 않는 것은?

① Wine
② Fruit Wine
③ Beer
④ Coffee

> note Coffee는 기호음료에 포함된다.
> ※ 양조주
> • 맥주(Beer)
> • 포도주(Wine)
> • 과실주(Fruit Wine)
> • 곡주(Grain Wine)

4 아래의 내용을 읽고 괄호 안에 들어갈 말로 가장 적절한 것을 고르면?

> 맥주는 보리를 발아시켜 당화하고 홉(hop)을 첨가하여 효모에 의해서 발효시킨 술을 말하는데, 맥주의 성분은 수분이 (   )를 점하고 있고, 그 외에 주성분, 엑스분, 탄산가스, 총산 등이 함유되어 있다.

① 85~97%
② 88~92%
③ 93~95%
④ 96~98%

> note 맥주는 보리를 발아시켜 당화하고 홉(hop)을 첨가하여 효모에 의해서 발효시킨 술을 말하는데, 맥주의 성분은 수분이 88~92%를 점하고 있고, 그 외에 주성분, 엑스분, 탄산가스, 총산 등이 함유되어 있다.

Answer
1.① 2.① 3.④ 4.②

5 세계 여러 나라에서 활용되는 맥주의 명칭을 연결한 것 중 잘못 표기된 것은?

① 한국 – 맥주　　　　　　② 독일 – 비어
③ 이탈리아 – 비르라　　　　④ 스페인 – 피보

> note 스페인은 맥주를 세르비자(Cerveza)라고 부른다.

※ 세계 여러 나라 맥주의 명칭

나라	맥주 명칭	나라	맥주 명칭
독일	비어 – bier	덴마크	오레트 – ollet
포르투칼	세르베자 – cerveja	중국	페이주 – 酒(pijiu)
프랑스	비에르 – biere	스페인	세르비자 – cerveja
체코	피보 – pivo	일본	비루 – (ビール)
이탈리아	비르라 – birra	한국	맥주
러시아	피보 – pivo		

6 다음 중 양조용 대맥의 조건으로 옳지 않은 것은?

① 단백질이 적은 것
② 95% 이상의 발아력이 왕성한 것
③ 전분함유량이 많고 수분함유량이 35% 내외로 잘 건조된 것
④ 곡피가 얇고 맥립이 균일한 크기로 둥글며 담황색을 띠고 있는 것

> note 양조용 대맥의 조건
> • 단백질이 적은 것이어야 한다.
> • 95% 이상의 발아력이 왕성한 것이어야 한다.
> • 전분함유량이 많고 수분함유량이 10% 내외로 잘 건조된 것이어야 한다.
> • 곡피가 얇고 맥립이 균일한 크기로 둥글며 담황색을 띠고 있는 것이어야 한다.

7 홉(HOP)은 뽕나무과에 속하는 다년생 넝쿨식물로 수꽃과 암꽃이 다른 나무에 피는 자웅이주(암수딴몸)인데 맥주에는 암꽃의 수정되지 않은 것을 사용한다. 다음 중 홉의 생산위치로 옳은 것은?

① 위도 35와 55도 사이　　　② 위도 45와 65도 사이
③ 위도 55와 75도 사이　　　④ 위도 65와 85도 사이

> note 홉의 생산위치는 위도 35와 55도 사이이다.

8 다음 중 효모(Yeast)에 대한 설명으로 가장 거리가 먼 것은?

① 맥주 효모에는 상면발효효모 및 하면발효효모가 있다.
② 상면발효효모의 발효온도는 통상적으로 25~40℃이며 7~8일 정도로 주발효를 끝낸다.
③ 하면발효효모의 발효온도는 6~8℃로 저온이다.
④ 하면발효효모의 주발효는 10~12일 정도로 끝나고 발효 말기에는 발효조의 바닥에 침전하게 된다.

> note 상면발효효모의 발효온도는 통상적으로 15~20℃이며 4~5일 정도로 주발효를 끝낸다.

9 맥주의 성분에 관한 내용 중 구성되는 각 성분과 농도의 연결이 바르지 않은 것은?

① 무기염류 – 0.8%
② 알코올 – 4%
③ 탄수화물 – 0.8%
④ 유기산 – 0.2%

> note 탄수화물 – 4%이다.
> ※ 맥주의 성분

성분	농도(%)	성분의 수	성분의 주요 출처
물	90	1	양조용수
알코올	4	1	효모, 맥아
탄수화물	4	16	맥아, 부원료
무기염류	0.8	10	양조용수, 맥아
질소화합물	0.3	35	맥아
유기산	0.2	13	효모, 맥아
Co	0.5	1	효모
기타	0.2	750	효모, 맥아, 호프
계		827	

Answer 5.④ 6.③ 7.① 8.② 9.③

10 다음 중 생맥주 취급방법으로 가장 옳지 않은 것은?

① 직사광선을 피해서 그늘지고 통풍이 잘 되는 곳에 저장한다.
② 생맥주는 미살균 상태이므로 8~9℃에서 저장한다.
③ 생맥주의 서비스 온도는 3~4℃ 정도가 적당하다.
④ 생맥주통의 압력은 맥주가 3℃ 정도일 때 12~14 파운드를 유지해야 한다.

> note **생맥주 취급방법**
> • 생맥주의 서비스 온도는 3~4℃ 정도가 적당하다.
> • 생맥주는 미살균 상태이므로 2~3℃ 에서 저장한다.
> • 직사광선을 피해서 그늘지고 통풍이 잘 되는 곳에 저장한다.
> • 생맥주통의 압력은 맥주가 3℃ 정도일 때 12~14 파운드를 유지해야 한다.
> • 생맥주는 오래 저장하면 맛이 변질되기 때문에 선입선출(First In First Out)의 원칙을 철저히 지켜야 한다.

11 다음 중 맥주(Beer)에서 나타나는 특이한 쓴맛과 향기로 보존성을 증가시키고 더불어서 맥아즙의 단백질을 제거하는 역할을 하는 원료를 무엇이라고 하는가?

① 효모(Yeast)
② 홉(Hop)
③ 알코올(Alcohol)
④ 과당(Fructose)

> note 홉(Hop)은 뽕나무과에 속하는 다년생의 넝쿨식물로서 수꽃과 암꽃이 다른 나무에 피는 자웅이주(암수 딴 몸)인데 맥주에는 암꽃의 수정되지 않은 것을 사용한다. 또한, 홉에서 암꽃의 루풀린(Lupulin)이라고 하는 홉수지는 맥주의 특유한 쓴맛과 향을 부여하는 중요한 원료이다.

12 지금처럼 맥주에 홉이 활용된 것은 기원전 몇 세기인가?

① 1세기경
② 2세기경
③ 3세기경
④ 4세기경

> note 기원 전 5,000년경부터 바빌론에서 맥주를 만들어 마셨다고 알려져 있고, 기원 전 4,000년경에는 메소포타미아 수메르인의 점토판에 맥주를 만드는 과정이 상세하게 기록되어 있다. 또한, 지금처럼 맥주에 홉이 사용된 것은 기원전 3세기경이다.

13 다음 중 홉의 향이 강한 스타우트(Stout)의 도수는 얼마인가?

① 4~8% ② 6~11%
③ 12~14% ④ 15~18%

> note 스타우트(Stout)는 영국에서 만들어지는 흑맥주로서 주로 맥아를 강하게 볶아 그 속에 함유된 당분이 캐러멜화 되도록 만든 맥주를 말한다. 홉의 향기가 강하며 알코올 도수는 6~11%이다.

14 다음 중 맥주의 제조에 있어 필요로 하는 원료가 아닌 것은? (2015년 2회)

① 맥아 ② 포도당
③ 물 ④ 효모

> note 맥주의 원료
> • 대맥
> • 효모
> • 홉
> • 물

15 다음 중 상면 발효 맥주에 속하지 않는 것은? (2015년 2회)

① 에일맥주(Ale Beer) ② 포터맥주(Porter Beer)
③ 스타우트 맥주(Stout Beer) ④ 필스너 맥주(Pilsner Beer)

> note 상면(上面) 발효 맥주
> ① 개념 : 발효 중 액의 표면에 떠오르는 상면 발효 효모를 활용해서 비교적 고온에서 발효시킨 맥주로서 주로 영국에서 많이 생산되고 있다.
> ② 종류
> ㉠ 포터(Porter) : 색은 검지만, 쓴맛이 덜 강한 영국의 포터(Porter : 짐을 운반하는 사람)들이 즐겨 마시던 흑맥주를 의미하며 포터 맥주의 주정 도수는 5~6%이다.
> ㉡ 에일 맥주(Ale Beer) : 홉을 많이 넣어 쓴맛이 강하며, 거품이 적은 영국에서 주로 생산되는 맥주를 의미한다.
> ㉢ 스타우트 맥주(Stout Beer) : 상면 발효 효모에 의해 영국에서 만들어지는 맥주로서 맥아를 담색의 것보다 더욱 더 강하게 볶아서 그 속에 함유된 당분이 캐러멜화 되도록 만든 것을 말한다. 또한, 살균이 되고 주정 도수가 6~8% 정도로 강한 흑맥주이다.

Answer
10.② 11.② 12.③ 13.② 14.② 15.④

16 다음 중 맥주의 종류가 아닌 것을 고르면? (2014년 5회)
① Ale
② Parter
③ Hock
④ Bock

> note 호크(Hock)는 독일 라인 지방산의 백포도주를 의미하며, 미국에서는 Rhine Wine이라 한다.

17 다음 중 Draft beer를 가장 잘 표현한 것은? (2014년 5회)
① 효모가 살균되어 저장이 가능한 맥주
② 효모가 살균되지 않아 장기 저장이 불가능한 맥주
③ 제조과정에서 특별히 만든 흑맥주
④ 저장이 가능한 병이나 캔맥주

> note 드래프트 비어(Draft Beer)는 음료용어로서, "저온의 살균처리가 되지 않은 맥주, 다시 말해 생맥주(Draft Beer)"를 의미한다. 이러한 생맥주는 가열 살균되지 않은 맥주로 향미는 좋지만 반면에 효모가 살아있으므로 보존성이 낮다.

18 다음 중 하면발효맥주에 속하지 않는 것은? (2014년 1회)
① Lager beer
② Porter beer
③ Pilsen beer
④ München beer

> note 대표적인 하면발효맥주(Bottom Fermenting Beer)
> • 라거(Lager)
> • 필스너(Pilsener)
> • 뮌헤너(Münchener)
> • 보크(Bock)

19 8~14%의 알코올을 함유한 식사 중에 마시는 와인을 무엇이라고 하는가?
① 테이블 와인
② 화이트 와인
③ 하우스 와인
④ 발포성 와인

> note 테이블 와인(Table Wine)은 8~14%의 알코올을 함유한 식사 중에 마시는 와인을 의미한다.

20 포도의 껍질을 제거하고 알맹이만을 발효시켜 만든 것을 무엇이라고 하는가?

① 로제 와인
② 레드 와인
③ 블랙 와인
④ 화이트 와인

> note 화이트 와인(White Wine)은 포도의 껍질을 제거하고 알맹이만을 발효시켜 만든 것을 말한다.

21 다음 중 풍년이 들어 수확이 좋은 해의 포도로 만든 와인은?

① 화이트 와인
② 레드 와인
③ 로즈 와인
④ 빈티지 와인

> note 빈티지 와인(Vintage Wine)은 풍년이 들어 수확이 좋은 해의 포도로 만든 와인으로, 라벨에 수확 연도를 표시한 와인을 의미한다.

22 다음 중 와인의 품질을 결정하는 요소가 아닌 것은? (2015년 3회)

① 환경요소(Terroir)
② 양조기술
③ 포도품종
④ 제조국의 소득수준

> note 와인 품질의 결정요소
> • 양조기술
> • 환경요소
> • 포도품종

23 다음 중 세계적으로 가장 유명한 와인 생산국은 어디인가?

① 일본
② 미국
③ 프랑스
④ 스페인

> note 프랑스는 세계에서 가장 유명한 와인 생산국이며, 최고급의 와인을 세계에서 가장 많이 생산할 수 있는 국가이다. 또한, 프랑스는 지리적으로 포도를 재배하기에 좋은 토양, 지형, 기후 등을 가지고 있다.

Answer
16.③ 17.② 18.② 19.① 20.④ 21.④ 22.④ 23.③

24 다음 중 와인의 보관방법으로 가장 옳지 않은 것은?

① 와인의 적정한 습도는 70% 정도이다.
② 와인 보존에 있어 적합한 온도는 5~10℃ 정도이다.
③ 온도의 변화가 크면 와인은 쉽게 변질된다.
④ 햇빛 또는 형광등은 와인의 질을 떨어뜨린다.

> note 와인 보존에 있어 적합한 온도는 10~14℃ 정도이다.
>
> ※ **와인의 보관방법**
>
> | 보관 조건 | 보관 방법 |
> |---|---|
> | 고온 | 와인 보존에 적합한 온도는 10~14℃ 정도, 온도가 높으면 빨리 숙성되어 변질되기 쉽고, 온도가 너무 낮으면 숙성이 멈춘다. |
> | 건조 | 습도가 낮으면 코르크가 건조해져 배기 어려워지고 미생물이 침입하기 쉬워진다. 와인에 적당한 습도는 70% 정도이다. |
> | 온도변화 | 온도 변화가 크면 와인은 쉽게 변질된다. 가능한 한 온도 변화가 적은 장소가 보관하기에 적합하다. |
> | 냄새 | 다른 냄새가 있으면 와인에 그 냄새가 옮겨져 와인의 독특한 향기가 사라진다. |
> | 빛 | 형광등이나 햇빛은 와인의 질을 떨어뜨린다. 와인 병에는 광선을 차단시키는 물질이 사용되어 있지만 대체로 주의할 필요가 있다. |
> | 진동 | 병에 진동이 가해지면 성숙 속도가 빨라져 질의 저하를 초래한다. |
> | 남은 와인 | 와인은 마개를 딴 그 날 안으로 다 마시는 것이 원칙이다. 공기에 접촉된 상태로 두게 되면 산화가 진행되어 와인의 풍미를 느낄 수 없게 된다. 마시지 못해 3~4일이 지난 것은 와인으로 마시기보다는 요리에 쓰도록 한다. |

25 다음 중 화이트와인 품종에 해당하지 않는 것은?

① 샤르도네(Chardonnay) ② 말벡(Malbec)
③ 리슬링(Riesling) ④ 무스카트(Muscat)

> note **화이트와인의 품종**
> - 샤르도네(Chardonnay)
> - 리슬링(Riesling)
> - 피노 그리지오(Pinot Grigio)
> - 슈냉 블랑(Chenin Blanc)
> - 무스카데(Muscadet)
> - 뮐러 트루가우(Muller-thurgau)
> - 쇼비뇽 블랑(Sauvignon Blanc)
> - 세미용(Semillon)
> - 게부르츠트라미너(Gewurztraminer)
> - 무스카트(Muscat)
> - 피노블랑(Pinot Blanc)

26 다음 중 Sparkling Wine에 대한 내용으로 적절하지 않은 것은?

① 이탈리아의 스푸만테가 대표적이다.
② 발효가 끝나 탄산가스가 없는 일반 와인에 다시 설탕을 추가해서 인위적으로 다시 발효한다.
③ 프랑스 샹파뉴 지방에서 생산되는 것만을 샴페인이라고 부른다.
④ 비발포성 와인이다.

> note 스파클링 와인(Sparkling Wine)은 발포성 와인이다.

27 화이트 와인 품종 중 샤르도네(Chardonnay)의 특성으로 가장 옳지 않은 것은?

① 샤르도네는 껍질은 두껍고 포도 특유의 맛을 좀 더 강하게 느낄 수 있는 와인이다.
② 맑은 색부터 옅은 황금색에 이르기까지 다양한 색상을 띠고 있으며, 와인의 맛과 그 향은 가벼운 느낌에서 입안 전체에 강한 느낌을 준다.
③ 강력한 번식 및 성장력 등으로 전 세계적으로 분포하고 있으며, 이 중에서도 특히 프랑스, 호주, 캘리포니아, 칠레 등지가 주요 산지로서 각광받고 있다.
④ 배, 사과, 파인애플, 망고 등의 과실향이 풍부하다.

> note ① 리슬링(Riesling)에 대한 내용이다.

28 다음 화이트와인 품종 중 하나인 리슬링(Riesling)에 대한 설명으로 가장 적절하지 않은 것은?

① 리슬링은 통상적으로 기후가 서늘한 곳에서 잘 번성한다.
② 최상의 리슬링은 독일 라인가우 지방에서 난다.
③ 샤르도네와 더불어서 화이트 품종 중 가장 인기 있는 품종으로 평가되고 있다.
④ 포도당의 잔류량을 기준으로 단맛의 차이가 없다.

> note 리슬링(Riesling)은 포도당의 잔류량을 기준으로 단맛의 차이가 있는데, 단맛이 약한 것(Dry)에서부터 적정한 단맛(Dry sweet), 그리고 아주 단 것(Sweet) 등으로 각각 개별적인 특성을 가진다.

24.② 25.② 26.④ 27.① 28.④

29 다음 중 구세계 와인에 대한 내용으로 바르지 않은 것은?

① 신 맛이 상당히 강하다.
② 알코올 도수가 상당히 높다.
③ 바디감이 상대적으로 약하다.
④ 오랫동안 병에서 숙성이 가능하다.

> note ② 구세계 와인은 알코올 도수가 낮다.
> ※ **구세계 와인의 특징**
> • 알코올 도수가 낮다.
> • 섬세한 아로마를 지닌다.
> • 신 맛이 상당히 강하다.
> • 상대적으로 바디감이 약하다.
> • 상당히 드라이한 맛이 난다.
> • '허브', '흙', '광물질' 등의 느낌이 강하다.
> • 병에서 오랫동안 숙성이 가능하다.
> • 오픈한 뒤에 비교적 오랫동안 산화에 견딜 수 있다.

30 다음 중 신세계 와인의 특징에 관한 내용으로 부적절한 것을 고르면?

① 오랜 기간 동안 숙성시키기보다 빨리 즐기는 편이 낫다.
② 상대적으로 신 맛이 적다.
③ 알코올 도수가 높다.
④ 바디감이 약하다.

> note ④ 신세계 와인은 바디감이 강하다.
> ※ **신세계 와인의 특징**
> • 강렬한 아로마를 지닌다.
> • 바디감이 강하다.
> • 알코올 도수가 높다.
> • 그렇게 드라이하지 않다.
> • 상대적으로 신 맛이 적다.
> • '잼', '과일' 등의 느낌이 강하다.
> • 오래 숙성시키기보다는 빨리 즐기는 편이 좋다.

31 다음 중 와인의 생산방법에 따른 분류로 바르지 않은 것은?

① 발포성 와인 ② 비발포성 와인
③ 디저트 와인 ④ 주정강화 와인

🌱note ③ 용도에 따른 와인의 분류에 해당한다.
※ 와인의 분류

생산 방법에 의한 분류	비발포성 와인, 주정강화 와인, 발포성 와인, 가향 와인
색상에 의한 분류	레드 와인, 화이트 와인, 로제 와인
용도에 의한 분류	식전 와인, 테이블 와인, 디저트 와인
당도에 의한 분류	드라이 와인, 스위트 와인
저장 기간에 의한 분류	영 와인, 에이지드 와인, 그레이트 와인

32 다음 중 용도에 따른 와인의 분류에 속하지 않는 것은?

① 디저트 와인 ② 스위트 와인
③ 식전 와인   ④ 테이블 와인

🌱note ② 당도에 따른 와인의 분류에 속한다.

33 다음 중 화이트 와인의 품종에 해당하지 않는 것은 무엇인가?

① 게뷔르츠트라미너 ② 소비뇽 블랑
③ 리슬링   ④ 메를로

🌱note 화이트 와인의 품종
- 뮈스까
- 리슬링
- 세미용
- 샤르도네
- 소비뇽 블랑
- 게뷔르츠트라미너

Answer 29.② 30.④ 31.③ 32.② 33.④

34 다음 중 레드 와인의 품종으로 바르지 않은 것은?

① 삐노 누아
② 말벡
③ 샤르도네
④ 가메

> note 레드 와인의 품종
> • 말벡
> • 시라
> • 그르나슈
> • 산지오베제
> • 까베르네 소비뇽
> • 가메
> • 메를로
> • 삐노 누아
> • 까베르네 프랑

35 다음 중 양조주에 해당하는 것으로 보기 어려운 것은? (2015년 2회)

① 청주(淸酒)
② 럼주(Rum)
③ 소주(Soju)
④ 리큐르(Liqueur)

> note 양조주(釀造酒)는 약주, 탁주, 맥주, 청주, 사오싱주[紹興酒:중국] 등의 곡류를 원료로 하여 당화시켜 발효시킨 술 또는 포도, 사과 등의 당분이 있는 것을 그대로 발효시켜 만든 술을 의미한다.

36 다음 중 양조주의 분류에 해당하지 않는 것은? (2014년 5회)

① Amaretto
② Lager beer
③ Beaujolais Nouveau
④ Ice wine

> note Amaretto(아마레또)는 아몬드를 직접적으로 넣는 것이 아니라 살구 씨를 물에 담가서 증류시키고 Almond(아몬드)와 비슷한 향의 에센스를 만들어서 스피리츠에 혼합하고 숙성해 시럽을 첨가한다. 알코올 도수는 28%인 아몬드 향을 지닌 리큐어(혼성주)이다.

37 다음 중 에일(Ale)의 발효 온도는?

① 7~10℃
② 11~14℃
③ 15~18℃
④ 18~21℃

> note 에일(Ale)은 실내 온도와 비슷한 18~21℃에서 발효되는 맥주로서, 주로 쓴 맛에 따라 마일드 에일(Mild Ale)과 페일 에일(Pale Ale)로 분류된다.

38 다음 중 적포도 품종에 속하지 않는 것은?
① 그르나슈 ② 메를로
③ 뮈스까데 ④ 시라

> note ③은 백포도 품종이다.
> ※ **적포도 품종**
> • 그르나슈
> • 메를로
> • 시라
> • 가메
> • 삐노 누아르
> • 까베르네 쏘비뇽

39 다음 중 백포도 품종으로 바르지 않은 것은?
① 까베르네 쏘비뇽 ② 쇼비뇽 블랑
③ 리슬링 ④ 쎄미용

> note ①은 적포도 품종에 해당한다.
> ※ **백포도 품종**
> • 쇼비뇽 블랑
> • 리슬링
> • 쎄미용
> • 뮈스까데
> • 게부르츠트라미너
> • 샤르도네

40 다음 중 코냑이 아닌 것을 고르면? (2014년 1회)
① Courvoisier ② Camus
③ Mouton Cadet ④ Remy Martin

> note ①②④번은 코냑에 속하며, 무통 카데(Mouton Cadet)는 와인에 속한다.

Answer
34.③ 35.① 36.① 37.④ 38.③ 39.① 40.③

41 다음 중 샴페인의 일반적인 제조과정으로 옳은 것을 고르면?

① 포도 수확 → 압착 → 1차 발효 → 분쇄 → 혼합 → 병입 → 숙성 → 찌꺼기 제거 → 2차 발효 → 코르크 막기 → 병 숙성

② 포도 수확 → 혼합 → 병입 → 1차 발효 → 분쇄 → 압착 → 숙성 → 2차 발효 → 찌꺼기 제거 → 코르크 막기 → 병 숙성

③ 포도 수확 → 분쇄 → 압착 → 1차 발효 → 혼합 → 병입 → 2차 발효 → 숙성 → 찌꺼기 제거 → 코르크 막기 → 병 숙성

④ 포도 수확 → 1차 발효 → 압착 → 분쇄 → 2차 발효 → 병입 → 혼합 → 찌꺼기 제거 → 숙성 → 코르크 막기 → 병 숙성

🌙 note 샴페인의 제조과정

포도 수확 → 분쇄 → 압착 → 1차 발효 → 혼합 → 병입 → 2차 발효 → 숙성 → 찌꺼기 제거 → 코르크 막기 → 병 숙성

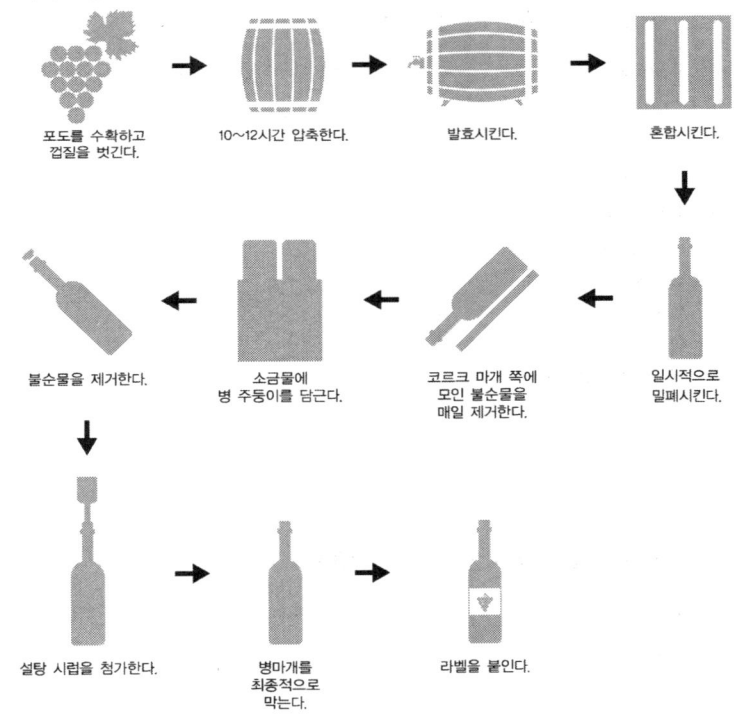

42 다음 중 헤네시(Henney)사에서 브랜디 등급을 처음 사용한 때는 언제인가? (2014년 5회)

① 1763
② 1765
③ 1863
④ 1865

> note 헤네시사는 1765년에 아일랜드 출신인 리챠드 헤네시에 의해 코냑으로 창업되었고, 리챠드가 창업한 지 100년 후인 1865년, 4대인 모리스 헤네시가 그 때까지 행한 통 판매에서 자사의 라벨을 붙인 병 형태의 출하를 코냑업자로서 처음으로 채용했다. 더불어서 ☆☆☆ 마크를 채용해 숙성 연도를 표시했다.

43 다음 중 아르마냑(Armagnac)의 제조과정에 대한 내용으로 잘못된 것은?

① 고산도의 저당도가 특징인 청포도 품종인 위니 블랑을 활용해서 화이트 와인을 만든다.
② 연속식 증류기로 3회 증류를 한다.
③ 블랙 오크통을 활용해서 저장 및 숙성시킨다.
④ 오랫동안 숙성된 술과 새로 만든 술(신주)을 혼합한다.

> note 반연속식 증류기로 1회 증류를 한다.

44 다음 중 샴페인의 발명자는 누구인가? (2015년 2회)

① Bordeaux
② Champagne
③ St. Emilion
④ Dom Perignon

> note 샴페인의 발명자는 돔 페리뇽(Dom Perignon)이다.

Answer
41.③ 42.④ 43.② 44.④

45 브랜드의 품질을 원액의 숙성기간에 따라 구분했을 때 그 연결이 바르지 않은 것은?(2016년 1회)

① Extra : 70년 이상
② VSOP : 20~30년
③ VSO : 15~25년
④ Three star : 3~10년

> **note** 원액의 숙성기간에 따른 브랜드 품질 구분
> • Three star : 3~10년
> • VSO : very superior old, 10~20년
> • VSOP : very superior old pale, 20~30년
> • VVSOP(very very superior old pale), XO(extra old) 또는 Napoleon : 50~70년
> • Extra : 70년 이상

③ 증류주

1 다음 중 증류주에 속하지 않는 것은?

① 브랜디
② 위스키
③ 포도주
④ 럼

> **note** 증류주(Distilled Liguor)는 발효된 술(양조주)을 다시 증류한 술을 의미하며, 스피리츠(spirits)라고도 한다. 알코올 도수는 상당히 높은 편이고 세계 각국의 여러 지역의 증류주가 있으며, 아쿠아 비트, 브랜디, 위스키, 럼, 진, 보드카, 테킬라 등이 증류주에 해당된다.

2 다음 럼(Rum)의 분류 중 틀린 것은? (2015년 3회)

① Light Rum
② Soft Rum
③ Heavy Rum
④ Medium Rum

> **note** 럼(Rum)의 분류
> ㉠ 맛에 의한 분류
> • Heavy Rum : 감미(甘味)가 강하며, 색이 짙은 갈색으로서 자마이카산이 대표적이다.
> • Medium Rum : 감미가 강하지 않고 색이 연한 갈색으로서 Martinique가 유명하다.
> • Light Rum : 부드럽고 델리케이트한 맛으로서 청량음료와의 칵테일 혼합에 적당하다.
> ㉡ 색(色)에 의한 분류
> • Dark Rum : 색이 짙고 갈색이 나는 것으로 자마이카산이 이에 해당한다.
> • Gold Rum : 앰버 럼(Amber Rum)이라고 불리어지며 캐러멜 색소로 착색한 것이다.
> • White Rum : 백색 또는 무색으로 실버 럼(Silver Rum)이라고 하며 칵테일용이다.

3 담색 또는 무색으로 칵테일의 기본주로 사용되는 Rum은? (2016년 1회)

① Heavy Rum ② Medium Rum
③ Light Rum ④ Jamaica Rum

> note 부드럽고 델리케이트한 맛으로 청량음료와의 칵테일 혼합에 적당하다.

4 다음 중 소주에 관한 설명으로 가장 거리가 먼 것은? (2015년 3회)

① 양조주로 분류된다.
② 증류식과 희석식이 있다.
③ 고려시대에 중국으로부터 전래되었다.
④ 원료로는 백미, 잡곡류, 당밀, 사탕수수, 고구마, 파티오카 등이 쓰인다.

> note 소주는 증류주이다.

5 다음 중 연결이 바르지 않은 것은?

① 한국의 증류주 – 소주 ② 중국의 증류주 – 보드카
③ 영국의 증류주 – 위스키 ④ 프랑스의 증류주 – 브랜디

> note 중국의 증류주는 고량주이다.
> ※ 세계 각국의 대표적인 술

구분	한국	영국	프랑스	중국	러시아	카리브해
증류주	소주	위스키	브랜디	고량주	보드카	럼
발효주	막걸리	맥주	와인	홍주		
원료	쌀	보리	포도	수수	감자	사탕수수

Answer 45.③ / 1.③ 2.② 3.③ 4.① 5.②

6 다음 내용들의 공통점은?

- 테킬라
- 브랜디
- 보드카
- 위스키

① 증류주 ② 혼성주
③ 양조주 ④ 영양음료

> note 위 내용들은 증류주에 해당하는 주류들이다.
> ※ 음료의 구분

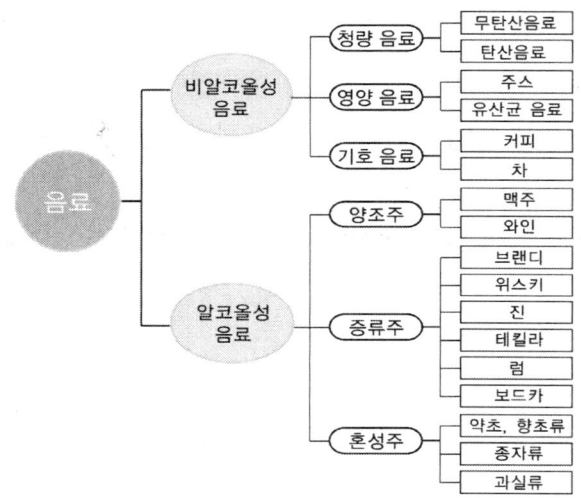

7 다음 중 1차로 발효된 양조주를 증류하여 알코올 도수를 높인 술을 무엇이라고 하는가?

① 증류주 ② 혼성주
③ 전통주 ④ 칵테일

> note 증류주는 1차로 발효된 양조주를 증류하여 알코올 도수를 높인 술을 의미하며, 칵테일의 기주로 많이 활용되고 있다.

8 다음 중 연속식 증류법(Patent Still)에 대한 내용으로 바르지 않은 것은?

① 한 번에 높은 도수의 알코올을 만들 수 있다.
② 초기의 시설비가 낮다.
③ 단식 증류법에 비해서 맛과 향이 떨어진다.
④ 비교적 현대식 증류법에 해당한다.

> note 연속식 증류법(Patent Still)은 초기의 시설비가 높다.
> ※ **연속식 증류법**(Patent Still)
> • 비교적 현대식 증류법에 해당한다.
> • 초기 시설비가 고가이다.
> • 단식 증류법에 비해 맛과 향이 떨어진다.
> • 한 번에 높은 도수의 알코올을 만들 수 있다.
> • 대량 생산 및 보통의 품질을 가진 증류주를 만들 때 용이하다.

9 다음 중 증류주에 해당하지 않는 것은? (2015년 2회)

① Light Rum   ② Malt Whisky
③ Brandy   ④ Bitters

> note Bitters는 칵테일이나 또는 기타 드링크의 종류에 향을 가하기 위해 만든 착향제를 말한다.
> ※ **음료의 구분**

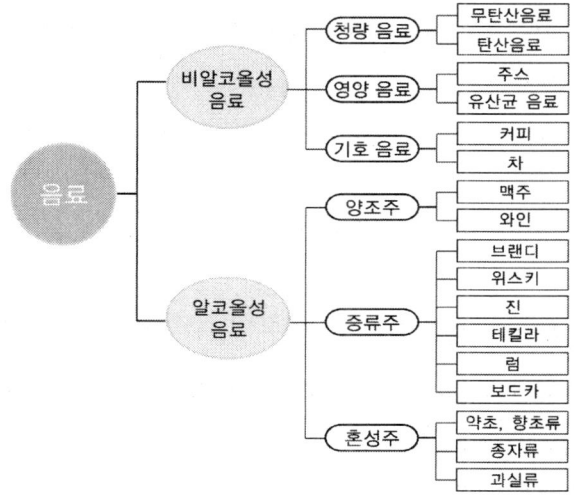

Answer: 6.① 7.① 8.② 9.④

10 곡류를 발효 증류시킨 후에 주니퍼베리, 안젤리카, 고수풀 등의 향료식물을 넣어서 만든 증류주를 무엇이라고 하는가? (2015년 2회)

① VODKA ② RUM
③ GIN ④ TEQUILA

📝 note 통상적으로 진 제조용으로 활용되는 알코올은 어떤 것이든지 가능하지만 영국 및 미국에서는 그레인 스피리츠만을 쓰고 연속증류기로 증류한다. 네덜란드의 게네베르의 경우에는 호밀의 몰트를 원료로 쓰고 있는데, 포트스틸로 여러 번 증류해서 불순물을 제거한다. 또한, 독특한 향을 내도록 하기 위해 주니퍼 베리, 기타 코리안더, 시나몬, 안젤리카, 레몬필 등을 활용한다.

11 다음 중 소주에 대한 설명으로 틀린 것은? (2015년 2회)

① 제조법에 따라 증류식 소주, 희석식 소주로 나뉜다.
② 우리나라에 소주가 들어온 연대는 조선시대이다.
③ 주원료로는 쌀, 찹쌀, 보리 등이다.
④ 삼해주는 조선 중엽 소주의 대명사로 알려질 만큼 성행했던 소주이다.

📝 note ② 소주가 국내에 도입된 시기는 고려 충렬왕 때이고, 몽고군을 통해서 도입되었다.

12 다음 중 증류주에 대한 내용으로 가장 바르지 않은 것은? (2014년 5회)

① 단식 증류기와 연속식 증류기를 사용한다.
② 높은 알코올 농도를 얻기 위해 과실이나 곡물을 이용하여 만든 양조주를 증류해서 만든다.
③ 양조주를 가열하면서 알코올을 기화시켜 이를 다시 냉각시킨 후 높은 알코올을 얻은 것이다.
④ 연속 증류기를 사용하면 시설비가 저렴하고 맛과 향의 파괴가 적다.

📝 note 연속식 증류법은 초기 시설비가 고가이며, 단식 증류법에 비해 맛과 향이 떨어진다.
※ **연속식 증류법**(Patent Still)
• 비교적 현대식 증류법에 해당한다.
• 초기 시설비가 고가이다.
• 단식 증류법에 비해 맛과 향이 떨어진다.
• 한 번에 높은 도수의 알코올을 만들 수 있다.
• 대량 생산 및 보통의 품질을 가진 증류주를 만들 때 용이하다.

13 다음 중 감자를 주원료로 하여 만들어지는 북유럽의 스칸디나비아 술은? (2014년 5회)

① Aquavit ② Calvados
③ Eau de vie ④ Grappa

> note 아쿠아비트(Aquavit)는 '생명의 물'이라는 의미를 지닌 라틴어로서 스웨덴, 덴마크, 노르웨이 등의 스칸디나비아 지역 사람들이 즐겨먹는 술을 말한다. 이는 감자를 주재료로 쓴 증류주이다.

14 다음 중 안동소주에 대한 내용으로 가장 옳지 않은 것은? (2014년 5회)

① 제조 시 소주를 내릴 때 소주고리를 사용한다.
② 곡식을 물에 불린 후 시루에 쪄 고두밥을 만들고 누룩을 섞어 발효시켜 빚는다.
③ 경상북도 무형문화재로 지정되어 있다.
④ 희석식 소주로서 알코올 농도는 20도이다.

> note 안동소주는 증류식 소주로서 알코올 농도(도수)는 45도(%)이다.

15 다음 증류주 제조방식에 관한 내용 중 단식 증류법(Pot Still)에 대한 것으로 가장 옳지 않은 것은?

① 전통적으로 오랫동안 사용되는 방식이다.
② 높은 도수의 알코올을 만들기 위해서 재증류를 해야 하는 문제점이 있다.
③ 대량 생산으로 고품질의 증류주를 만들 때 활용된다.
④ 맛과 향이 뛰어나다.

> note 단식 증류법(Pot Still)
> • 전통적으로 오랫동안 사용되는 방식
> • 뛰어난 맛과 향
> • 소량 생산으로 고품질의 증류주를 만들 때 활용함
> • 높은 도수의 알코올을 만들기 위해서 재증류를 해야 함

Answer
10.③ 11.② 12.④ 13.① 14.④ 15.③

16 다음 중 버번 위스키가 아닌 것은? (2015년 3회)

① Jim Beam ② Jack Daniel's
③ Wild Turkey ④ John Jameson

> note 버번 위스키
> - 짐 빔(Jim Beam)
> - 우드포드 리절브(Woodford Reserve Distillery)
> - 메이커스 마크(Maker's Mark)
> - 어얼리 타임스(Early Times)
> - 이반 윌리암스(Evan Williams)
> - 파이팅 코크(Fighting Cock)
> - 놉 크릭(Knob Creek)
> - 올드 그랜드 대드(Old Grand-Dad)
> - 올드 테일러(Old Taylor)
> - 와일드 터키(Wild Turkey)
> - 잭다니엘스(Jack Daniel's)
> - 조지 딕켈(George Dickel)

17 다음 중 위스키의 일반적인 제조과정으로 옳은 것은?

① 맥아 제조 → 발효 → 증류 → 숙성 → 제분 및 혼합 → 브랜딩 → 병입
② 맥아 제조 → 증류 → 숙성 → 발효 → 브랜딩 → 제분 및 혼합 → 병입
③ 맥아 제조 → 숙성 → 증류 → 발효 → 제분 및 혼합 → 브랜딩 → 병입
④ 맥아 제조 → 제분 및 혼합 → 발효 → 증류 → 숙성 → 브랜딩 → 병입

> note 위스키의 일반적인 제조과정
> 맥아 제조 → 제분 및 혼합 → 발효 → 증류 → 숙성 → 브랜딩 → 병입

18 다음 위스키의 종류 중 스카치 위스키(Scotch Whisky)에 속하지 않는 것은?

① Ballantine's ② Old Bushmills
③ Royal Salute ④ Johnnie Walker

> note 주요 위스키로는 발렌타인(Ballantine's), 조니워커(Johnnie Walker), 로얄 살루테(Royal Salute), 시바스 리갈(Chivas Regal) 등이 있다.

19 다음 중 세계 4대 위스키가 아닌 것은? (2016년 1회)

① 스카치(Scotch)　　　　　② 아메리칸(American)
③ 스패니쉬(Spanish)　　　　④ 아이리쉬(Irish)

> note 세계 4대 위스키 … 스카치(Scotch), 아이리시(Irish), 아메리칸(American), 캐나디안(Canadian)

20 다음 중 캐나디안 위스키(Canadian Whisky)에 포함되지 않는 것을 고르면?

① Canadian Club　　　　② Black Velvet
③ Crown Royal　　　　　④ Old Bushmills

> note 캐나다산 위스키를 총칭하며, 특히 옥수수, 귀리, 호밀 등을 원료로 하여 만들며 부드러운 맛이 특징이다. 대표적인 위스키로는 캐나디안 클럽(Canadian Club), 씨그램스 V.O(Seagram's V.O), 씨그램스 7(Seagram's 7), 크라운 로얄(Crown Royal), 블랙 벨벳(Black Velvet) 등이 있다.

21 다음 중 위스키의 생산지에 의한 분류에 속하지 않는 것은?

① 아이리시 위스키　　　　② 아메리칸 위스키
③ 스카치 위스키　　　　　④ 그레인 위스키

> note ④ 위스키의 원료에 의한 분류에 속한다.
> ※ 위스키 생산지에 따른 분류
> • 스카치 위스키(Scotch Whisky)
> • 아메리칸 위스키(American Whisky)
> • 아이리시 위스키(Irish Whisky)
> • 캐나디언 위스키(Canadian Whisky)

Answer
16.④　17.④　18.②　19.③　20.④　21.④

22 다음 중 아메리칸 위스키(American Whisky)에 해당하지 않는 것은 무엇인가?

① Canadian Club ② Old Grand Dad
③ Wild Turkey ④ Early Times

> note 대표적인 미국산 위스키로는 I.W.하퍼(I.W.Harper), 얼리 타임즈(Early Times), 잭 다니엘(Jack Daniel's), 올드 그랜 데드(Old Grand Dad), 짐 빔(Jim Beam), 와일드 터키(Wild Turkey) 등이 있다.

23 다음 중 분쇄한 맥아에 발아시키지 않은 호밀, 보리, 옥수수 등을 혼합해 당화, 발효한 위스키는?

① Rye Whisky ② Grain Whisky
③ Malt Whisky ④ Blended Whisky

> note 그레인 위스키(Grain Whisky)는 분쇄한 맥아에 발아시키지 않은 보리, 호밀, 옥수수 등을 혼합하여 당화, 발효시킨 것으로 연속식 증류법을 활용하고, 피트향이 거의 없어 부드럽고 순한 맛을 낸다.

24 다음 중 맥아 100%를 원료로 사용하고, 피트를 활용해서 맥아를 건조해 피트향이 잘 배어나는 위스키는? (2016년 1회)

① Malt Whisky ② Corn Whisky
③ Blended Whisky ④ Rye Whisky

> note 몰트 위스키(Malt Whisky)는 맥아 100%를 원료로 사용하고, 피트를 활용하여 맥아를 건조해 피트향이 잘 배어 있다. 또한, 단식 증류법을 활용하며, 오크향이 조화를 이루는 특징을 지니고 있다.

25 다음 중 몰트 위스키의 강한 향 또는 맛을 그레인 위스키와의 혼합 과정을 통해서 부드럽게 만든 위스키를 무엇이라고 하는가?

① Scotch Whisky ② Corn Whisky
③ Blended Whisky ④ Rye Whisky

> note 블렌디드 위스키(Blended Whisky)는 몰트 위스키의 강한 향이나 맛을 그레인 위스키와 혼합 과정을 통해 부드럽게 만든 위스키를 말한다. 또한 처음 위스키를 접한 사람도 부담 없이 즐길 수 있다.

26 다음 중 스카치 위스키(Scotch Whisky)에 대한 내용으로 적절하지 않은 것은?

① 스카치 위스키는 스코틀랜드산의 보리와 물을 활용한다.
② 1년 이상 저장 및 숙성해야 출고가 가능하다.
③ 셰리를 저장했던 오크통을 사용해 저장 및 숙성해서 향기와 맛이 보다 풍부하다.
④ 피트를 사용하여 몰트를 건조해 피트향이 배어 있다.

> note 스카치 위스키(Scotch Whisky)는 3년 이상 저장 및 숙성해야 출고 할 수 있다.
> ※ 유명 스카치 위스키 브랜드

발렌타인 (Ballantine) / 조니워커 (Johnnie Walker) / 시바스 리갈 (Chivas Regal) / 화이트 호스 (White Horse) / 커티 삭 (Cutty Sark)

27 아이리시 위스키(Irish Whisky)에 대한 설명으로 가장 옳지 않은 것은? (2016년 1회)

① 아일랜드에서 생산되는 위스키의 총칭이다.
② 본래 단식 증류법을 활용하지만 최근에는 연속식 증류법을 활용하기도 한다.
③ 참나무통에서 최소 2년 이상 저장 및 숙성시킨다.
④ 맥아 이외에 갖가지 곡물을 사용하므로 그레인 위스키로 분류한다.

> note 아이리시 위스키(Irish Whisky)는 참나무통에서 최소 3년 이상 저장 및 숙성시킨다.
> ※ 유명 아이리시 위스키 브랜드

제임슨 (Jameson) / 올드 부쉬밀 (Old Bushmills) / 툴라모어 듀 (Tullamore Dew) / 머피 (Murph's) / 패디 (Paddy's)

Answer
22.① 23.② 24.① 25.③ 26.② 27.③

28 다음 중 캐나디언 위스키(Canadian Whisky)에 관한 내용으로 부적절한 것을 고르면?

① 캐나다에서 생산되는 위스키의 총칭이다.
② 비연속식 증류법을 활용해서 가격이 저렴하다.
③ 오크통에서 4년 이상 숙성을 원칙으로 한다.
④ 아메리칸 위스키보다 호밀 사용량이 많다.

> note 캐나디언 위스키(Canadian Whisky)는 연속식 증류법을 사용해 가격이 저렴하다.
> ※ 유명 캐나디안 위스키 브랜드

캐나디안 클럽
(Canandian Club)

시그램스 V.O
(Seagram's V.O)

크라운 로얄
(Crown Royal)

블랙 벨벳
(Black Velvet)

로드 칼버트
(Load Calvert)

29 다음 중 알코올 농도를 40~45%로 증류한 것은?

① 막걸리　　　　　　② 청주
③ 맥주　　　　　　　④ 고량주

> note 고량주는 고량(수수)이나 옥수수를 원료로 해서 발효시킨 것으로 알코올 농도가 40~45%로 증류한 것을 의미한다.

30 다음 중 테킬라의 분류에 해당하지 않는 것은?

① 블랑코　　　　　　② 그라파
③ 레포사도　　　　　④ 아네호

> note 테킬라의 구분
> • 블랑코(Blanco)
> • 레포사도(Reposado)
> • 아네호(Anejo)

④ 혼성주

1 다음 중 양조주 또는 증류주를 기초로 주류, 기타의 물료를 섞거나 초근목피, 약초, 향미, 과실, 당분 등을 배합한 것을 무엇이라고 하는가?

① 영양음료 ② 혼성주
③ 청량음료 ④ 기호음료

> note 혼성주(Compounded Liquor)는 양조주나 증류주 등을 기반으로 주류, 기타의 물료를 섞거나 초근목피, 약초, 향미, 과실, 당분 등을 배합한 술로 재제주(再製酒)라고 불리기도 한다. 특히, 서양의 혼성주는 증류주를 베이스로 한 것이 많고, 리큐어로 총칭된다.

2 오렌지 과피, 회향초 등을 주원료로 해서 만들며 알코올의 농도가 24% 정도가 되는 붉은 색의 혼성주를 무엇이라고 하는가? (2014년 1회)

① Beer ② Drambuie
③ Campari ④ Cognac

> note 캄파리(Campari)는 이탈리아산의 붉은 색으로 매우 쓴맛의 리큐르이며, 주로 아페리티프(Apéritif : 식전 주)로 애음되고 소다수나 오렌지주스와도 잘 배합된다.
> ① Beer(맥주)는 보리 및 홉(HOP)을 주원료로 하는 양조주이다.
> ② Drambuie(드램뷰)는 스카치 위스키를 기본주로 하고 꿀로 달게 한 오렌지향의 호박색 리큐어이다.
> ④ Cognac(코냑)은 프랑스 코냑 지역에서 와인을 증류하여 생산되는 브랜디의 하나이다.

3 본래는 약용으로 만들어져서 활용된 것을 중세 연금술사들이 증류주에 약초를 넣고 약용 성분을 지닌 술로 만들면서 대중들에게 알려지기 시작한 것은 무엇인가?

① 전통주 ② 양조주
③ 탁주 ④ 혼성주

> note 혼성주(Liqueur)는 증류주에 천연 향료, 약초, 초근, 목피 등을 첨가하거나 또는 설탕, 꿀을 활용하여 감미롭게 만든 알코올 음료를 의미한다.

Answer
28.② 29.④ 30.② / 1.② 2.③ 3.④

4 다음 중 아티초크를 원료로 사용한 혼성주는 무엇인가? (2015년 3회)

① 운더베르그(Underberg)

② 시나(Cynar)

③ 아마르 피콘(Amer Picon)

④ 샤브라(Sabra)

> note 시나(Cynar)는 와인에 아티초크를 배합한 리큐어로서 약간 진한 커피색을 띤다.
>
> ※ 대표적인 혼성주
> - 앙고스투라 비터(Angostura Bitters) : 트리니다드 토바고에서 생산되는 비터이다.
> - 시나(Cynar) : 와인에 아티초크를 배합한 리큐어로 약간 진한 커피색을 띤다.
> - 삼부카(Sambuca) : 이탈리아에서 생산되는 리큐어로서 Anisette와 비슷한 술이다.
> - 샤르트뢰즈(Chartreuse) : 프랑스어로 수도사란 뜻으로 리큐어의 여왕이라고 불린다.
> - 칼루아(Kahlua) : 멕시코산 커피, 코코아, 바닐라 향을 첨가한 커피 리큐어이다.
> - 예거마이스터(Jagermeister) : 1878년에 만들어진 독일산 허브 리큐어로서, 56가지의 재료를 사용해서 만든다.
> - 캄파리(Campari) : 각종 식물의 뿌리, 씨, 향초, 껍질 등 70여 가지 재료로 만들어지는 빨간색의 이탈리아 리큐어이다.
> - 아드보카트 (Advocaat) : 브랜디에 계란노른자, 설탕, 바닐라 향을 첨가한 네덜란드의 계란술이다.
> - 아니세트(Anisette) : 증류주에 아니스 열매, 레몬 껍질, 코리앤더 등의 향미를 첨가하고 시럽으로 단맛을 낸 리큐어이다.
> - 아마레토(Amaretto) : 이탈리아의 리큐어로 살구 씨를 물과 함께 증류하여 향초 성분과 혼합하고 시럽을 첨가해서 만든다.
> - 아이리시 미스트(Irish Mist) : 아이리시 위스키와 꿀, 허브 등으로 만드는 아일랜드산 혼성주이다.
> - 드람부이(Drambuie) : 스코틀랜드산 리큐어로 '사람을 만족시키는 음료'란 뜻인데, 스카치 위스키에 꿀, 허브 등을 첨가해서 만드는 암갈색의 술이다.
> - 갈리아노(Galliano) : 오렌지, 아니스, 바닐라 등 각종 약초 40여종으로 만든 연한 황금빛을 띤 이탈리아산 리큐어이다.
> - 큐라소(Curacao) : 베네수엘라 북방 20km 떨어진 카리브 해의 큐라소 섬에서 재배되는 오렌지를 원료로 만들어진 리큐어이다. 쿠앵트로(Cointreau), 그랑 마니에(Grand Marnier), 트리플 섹(Triple Sec) 등도 오렌지 껍질로 만든 리큐어이다.
> - 베네딕틴(Benedictine) : 1510년경에 프랑스에서 만들어진 혼성주로서, 안젤리카, 박하, 주니퍼 베리, 시나몬, 너트메그, 바닐라, 레몬 껍질, 벌꿀 등 약 27종의 약초를 사용하여 만들며, bottle에 적힌 D.O.M은 라틴어로 '데오 옵티모 맥시모(Deo Optimo Maximo)'로서 '가장 선하고 가장 위대한 신에게'라는 뜻이다.

5 보통 3~4년 정도의 숙성된 코냑과 오렌지를 활용하여 저장 및 숙성해서 만드는 혼성주는?

① 그랑 마니에(Grand Marnier)
② 바나나 리큐르(Banana Liqueur)
③ 애프리콧 브랜디(Apricot Brandy)
④ 트리플 섹(Triple Sec)

> note 그랑 마니에(Grand Marnier)는 오렌지를 주원료로 하는 프랑스의 프리미엄 리큐르를 의미하며, 3~4년 정도로 숙성된 코냑을 사용하여 저장 및 숙성해서 만드는 혼성주이다.
> ※ **그랑 마니에(Grand Marnier)**

6 혼성주 제조방법 중 초근목피 등을 주정에 담가 풍미를 우려낸 후에 단식 증류법을 활용해서 재증류하는 방식을 무엇이라고 하는가?

① 침출법
② 리슬링법
③ 블록법
④ 증류법

> note 증류법(Distilled Process)은 초근목피 등을 주정에 담가 풍미를 우려낸 후에 단식 증류법을 활용해서 재증류하며, 가장 비용이 많이 들고 고품질의 혼성주를 얻을 수 있다.

7 혼성주 제조방법 중 독특한 맛, 향, 색 등을 지닌 재료들을 주정에 담가서 우러나게 하는 방법은?

① 기화법
② 침출법
③ 증류법
④ 선입선출법

> note 침출법(Infusion Process)은 독특한 맛, 향, 색 등을 지닌 재료들을 주정에 담가서 우러나게 하는 방식을 의미하며, 주정에 잔존물이 남아 있을 수 있어서 여과기를 활용해야 하며 열을 가하지 않는다.

Answer
4.② 5.① 6.④ 7.②

8 다음 혼성주의 종류 중 과실류에 속하지 않는 것은?

① 코코넛 럼
② 갈리아노
③ 애플 퍼커
④ 체리 브랜디

> note ② 향초류에 속한다.
> ※ **혼성주의 종류**
> ㉠ 과실류
>   • 미도리(Midori)
>   • 칼바도스(Calvados)
>   • 슬로우 진(Sloe Gin)
>   • 그랑 마니에(Grand Marnier)
>   • 애플 퍼커(Apple Pucker)
>   • 바나나 리큐르(Banana Liqueur)
>   • 코인트로(Cointreau)
>   • 트리플 섹(Triple Sec)
>   • 블루 큐라소(Blue Curacao)
>   • 코코넛 럼(Coconut Rum)
>   • 체리 브랜디(Cherry Brandy)
>   • 애프리콧 브랜디(Apricot Brandy)
>
>
>
> ㉡ 향초류
>   • 갈리아노(Galliano)
>   • 베니딕틴(Benedictine)
>   • 버무스(Vermouth)
>   • 캄파리(Campari)
>
>
>
> ㉢ 종자류
>   • 베일리스(Baileys)
>   • 깔루아(Kahula)
>
>

ⓜ 크림류
　　　　• 크림 디 카카오(Creme de Cacaco)
　　　　• 크림 디 카시스(Creme de Cassis)
　　　　• 크림 디 민트(Creme de Menthe)

크렘 디 민트　크렘 디 카카오　크렘 디 카시스

9 다음 중 유럽 들판에서 서식하는 자두를 당분과 함께 넣어서 숙성시켜 만든 술은?

① Calvados
② Blue Curacao
③ Coconut Rum
④ Sloe Gin

> note 슬로우 진(Sloe Gin)은 유럽 들판에서 서식하는 자두를 당분과 함께 넣어서 숙성시켜 만든 술을 의미하며, 붉은 빛깔 및 자두 맛의 향이 입맛을 자극하는 특징을 지니고 있다.
> ※ 슬로우 진(Sloe Gin)

슬로우 진

Answer
8.② 9.④

10 다음 중 다양한 음료와 혼합해서 트로피컬 칵테일을 만드는 데 유용하게 활용되는 혼성주는?

① 바나나 리큐르(Banana Liqueur)

② 코코넛 럼(Coconut Rum)

③ 애플 퍼커(Apple Pucker)

④ 트리플 섹(Triple Sec)

> **note** 코코넛 럼(Coconut Rum)은 다양한 음료와 혼합해서 트로피컬 칵테일을 만드는 데 유용하게 활용되고, 진한 코코넛 향과 바닐라의 향이 서로 조화를 이루고 있으며, 입안에 넣으면 부드러움을 맛볼 수 있다.

코코넛 럼

11 비터 오렌지와 스위트 오렌지의 껍질을 증류해서 얻은 주정에 물, 설탕, 알코올 등을 섞어 만든 혼성주를 무엇이라고 하는가?

① Cointreau ② Grand Marnier

③ Cherry Brandy ④ Apricot Brandy

> **note** 코인트로(Cointreau)는 비터 오렌지와 스위트 오렌지의 껍질을 증류해서 얻은 주정에 물, 설탕, 알코올을 섞어 만든 것을 의미한다. 코인트로는 오렌지 특유의 신맛과 달콤함이 돋보이는 리큐르이다.

코인트로

12 1896년에 이탈리아의 한 양조장에서 만들어졌고, 대략 30여 가지 이상의 다양한 재료가 활용되고 있으며, 바닐라 향이 강한 이것은 무엇인가?

① Campari
② Vermouth
③ Benedictine
④ Galliano

note 갈리아노(Galliano)는 1896년 이탈리아의 한 양조장에서 만들어졌고, 약 30여 가지 이상의 다양한 재료가 사용되며 바닐라 향이 강한 리큐르를 의미한다. 갈리아노의 특이한 병 모양은 로마의 고대 건축물을 보고 디자인 한 것이다.

갈리아노

13 다음 중 대략 70여 가지의 약재를 사용하고 45일간의 제조 기간을 거치며, 드라이한 쓴 맛이 식욕을 자극하는 혼성주는?

① Blue Curacao
② Benedictine
③ Campari
④ Apricot Brandy

note 캄파리(Campari)는 1860년에 이탈리아의 약용 술을 개량해 만들어진 술로서, 빨간색이 매력적인 리큐르이다. 대략 70여 가지의 약재를 사용하고 45일 동안의 제조 기간을 거치며, 드라이한 쓴 맛이 식욕을 자극하는 혼성주이다.

캄파리

Answer
10.② 11.① 12.④ 13.③

14 다음 중 Gin Fizz의 특징이 아닌 것을 고르면?

① 하이볼 글라스를 사용한다.
② 기법으로 Shaking과 Building을 병행한다.
③ 레몬의 신맛과 설탕의 단맛이 난다.
④ 칵테일 어니언(onion)으로 장식한다.

> note Gin Fizz
> • 맛 : 청량감을 주는 부드러운 맛(레몬의 신맛과 설탕의 단 맛이 먹기 좋은 심플한 맛을 냄)
> • 글라스 : 하이볼
> • 기법 : 흔들기(Shake) + 직접 넣기(Build)
> • 장식 : 슬라이스 레몬

15 다음 중 45%까지 희석해서 짧은 기간 동안 저장하고 병입하며, 향이 진해 스트레이트로 마시는 것이 좋은 진(Gin)은?

① 한국 진   ② 중국 진
③ 네덜란드 진   ④ 영국 진

> note 네덜란드 진(Holland Gin)은 곡물의 발효액 속에 주니퍼 베리 또는 향신료 등을 넣고 단식 증류법을 활용해서 2~3회 증류해 55% 정도의 주정을 만들며, 45%까지 희석하여 짧은 기간 저장하고 병입한다. 또한, 향이 진해서 스트레이트로 마시는 것이 좋다.

16 다음 중 포도주에 아티초크를 배합한 리큐르로서 약간의 진한 커피색을 띠는 것은 무엇인가?
(2015년 2회)

① Chartreuse   ② Cynar
③ Dubonnet   ④ Campari

> note 시너(Cynar)는 와인에 아티초크를 배합해 약간의 진한 커피색을 띠는 리큐어이다.

5 전통주

1 다음 중 우리나라의 전통주가 아닌 것을 고르면?

① 소흥주 ② 소곡주
③ 문배주 ④ 경주법주

> note ① 소흥주는 찹쌀을 발효시켜 만든 것으로 중국 사오싱 지방의 발효주이다.
> ② 소곡주는 우리나라에서 가장 오랜 역사를 가진 술 중의 하나이다. 누룩이 적게 들어간다 하여 붙여진 이름으로, 지금으로부터 1,500년 전부터 전승되어 온 명주 중의 명주이다.
> ③ 문배주는 우리나라의 평안도 지방에서 전승되어 오는 술로 술의 향기가 문배나무의 과실에서 풍기는 향기와 같아 붙여진 이름이다. 원료는 밀·좁쌀·수수이고, 누룩의 주원료는 밀이다. 술의 색은 엷은 황갈색을 띠고 있으며 문배향이 강하고, 알콜 도수는 본래 40도 정도이지만 증류 및 숙성이 끝난 문배주는 48.1도에 달하므로 장기간 동안의 저장이 가능하다. 보통 6개월~1년 동안 숙성시켜 저장하는데 문배나무의 과실을 전혀 사용하지 않고도 문배향을 풍기는 특징이 있다.
> ④ 경주법주는 신라의 비주(秘酒)라 일컬어지는 술로서, 조선 숙종 때에 궁중음식을 관장하던 사옹원(司饔院)에서 참봉을 지낸 최국선이 처음 빚었다고 전해지고 있다. 알콜 도수가 19도를 넘어 국세청의 곡주 허용 규정 도수인 11~16도를 초과하다가, 1990년 15도로 낮추는 비법을 창안해 제조허가를 받게 되었다. 이러한 법주의 주원료는 토종 찹쌀, 물, 밀로 만든 누룩인데, 물은 사계절 내내 수량과 수온이 거의 일정하고 맛 좋은 집안의 재래식 우물물을 끓여서 사용한다.

2 다음 민속주 중에서 증류식 소주가 아닌 것을 고르면?

① 문배주 ② 삼해주
③ 옥로주 ④ 안동소주

> note ① 문배주는 중요 무형문화재 제86호로 지정된 것으로서 고려 왕건 시대부터 제조되어 내려온 평양일대의 증류식 소주이다.
> ② 삼해주는 가장 추운 정월에 담가 버들가지에 물이 차오를 때 마시는 것으로 곡주 특유의 미황색을 띤 민속명주를 말한다. 방부제와 향료를 전혀 첨가하지 않고 장기저온 발효시켜 곡주 특유의 맛을 내며 알코올 도수 12도의 약주로 차가운 기운을 지니고 있어 무더운 여름철에 마시면 좋은 건강주이다.
> ③ 옥로주는 1947년 초에 경남 하동의 양조장에서 고(故) 유양기씨가 전통 가양주인 알코올 농도 30%인 소주를 생산하면서 '옥로주'라는 상표를 붙였다고 하고 이것이 옥수수가 많이 나는 강원도 지역으로 전래된 것이라고 한다. 더불어서 옥로주라 부르게 된 것은 옥로주를 증류할 때 증기가 액화되어 마치 옥구슬 같은 이슬방울이 떨어지기 때문이라고 한다.
> ④ 안동소주는 경상북도 안동지방의 명가에서 전승되어 온 증류식 소주인 전통 민속주를 의미한다.

Answer
14.④ 15.③ 16.② / 1.① 2.②

3 다음 중 우리나라 경상도 지역의 전통주가 아닌 것은?

① 황금주 ② 신라주
③ 초화주 ④ 옥로주

> note 옥로주는 서울/경기도 지역의 전통주이다.

4 다음 중 우리나라 전라도 지역의 전통주가 아닌 것은?

① 추성주 ② 칠선주
③ 진양주 ④ 어성초주

> note 칠선주는 서울/경기도 지역의 전통주이다.

5 다음 중 우리나라 충청도 지역의 전통주가 아닌 것은?

① 두견주 ② 오메기술
③ 두충주 ④ 소곡주

> note 오메기술은 제주도 지역의 전통주이다.

6 10여 개의 한약재를 침출시켜서 이를 1~5년 동안 숙성시킨 전통주로 속을 따뜻하게 하며 혈액 순환을 도와주고 조선시대 3대 명주 중의 하나인 이것은 무엇인가?

① 안동소주 ② 금산 인삼주
③ 감홍로 ④ 선운산 복분자주

> note 감홍로는 단맛을 내는 붉은 술이란 의미로서 누룩과 고두밥 등으로 만든 술을 2번 증류한 후에 숙성시키고, 10여개의 한약재를 침출시켜 1~5년 동안 숙성시킨 전통주를 말한다.

7 다음 중 산딸기를 황설탕에 일주일 정도 담가 두었다가 30도의 소주를 부어서 2개월여 이상을 발효시킨 우리나라의 전통주는?

① 선운산 복분자주   ② 홍주
③ 금산 인삼주   ④ 안동소주

> note **선운산 복분자주**는 선운산 일대에서 자생하고 있는 산딸기를 활용해서 만든 술로서, 서해안의 해풍으로 과실의 육질이 뛰어난 것이 특징이다. 또한 이뇨 작용이 뛰어나며, 자주색 복분자주를 최고로 여긴다.

8 다음 중 누룩과 고두밥을 물과 적당한 비율로 섞은 다음 15일 정도 발효시킨 우리나라의 전통주는?

① 한산 소곡주   ② 문배주
③ 해남 진양주   ④ 안동소주

> note **안동소주**는 누룩과 고두밥을 물과 적당한 비율로 섞은 다음 15일 정도 발효시키며, 이러한 주정을 증류시키게 되면 안동 소주가 된다. 처음에 증류할 때는 80도 가량의 높은 도수가 나타나지만 점차적으로 도수가 내려가서 45도가 되면 증류를 마치게 된다.

Answer 3.④ 4.② 5.② 6.③ 7.① 8.④

9 최근 들어 지초 성분에 당뇨 및 비만 등의 예방에 효과가 있다는 것이 알려지면서 과학적인 효과가 입증된 우리나라의 전통주는 무엇인가?

① 도화주 ② 홍주
③ 환동주 ④ 두견주

> note 홍주는 보리와 쌀, 누룩 등으로 만든 술에 지초를 활용해서 색과 맛 그리고 향을 낸 우리나라의 전통주를 말한다. 최근 들어서 지초 성분에 당뇨와 비만 등의 예방 효과가 있다는 것이 알려지면서 과학적인 효과가 입증되었다.

10 다음에서 설명하고 있는 전통주는 무엇인가? (2014년 5회)

- 약주에 소주를 섞어 빚는다.
- 원료는 쌀이며 혼양주에 속한다.
- 무더운 여름을 탈 없이 날 수 있는 술이라는 뜻에서 그 이름이 유래되었다.

① 백세주 ② 문배주
③ 과하주 ④ 두견주

> note 과하주는 약주에 소주를 섞어 빚는 혼양주로서, 무더운 여름을 별다른 탈 없이 날 수 있는 술이라는 뜻에서 얻게 된 이름이다. 조선시대 초기부터 서울에서 알려진 술이다.

11 다음 중 연결이 잘못된 것을 고르면?

① 영국의 발효주 - 맥주 ② 프랑스의 발효주 - 와인
③ 한국의 발효주 - 럼 ④ 중국의 발효주 - 홍주

> note 한국의 발효주는 막걸리이다.

12 다음 시판되고 있는 민속주와 향토주 중에서 성격이 나머지 셋과 다른 하나는?

① 경북 안동 소주 ② 경북 경주 교동 법주
③ 안양 옥미주   ④ 전남 진도 홍주

> note ①②④는 민속주에 속하며, ③은 향토주에 속한다.
> ※ 시판되고 있는 민속주 및 향토주 구분

민속주	• 서울 삼해주 • 경기 동동주(부의주) • 충남 한산 소곡주 • 전북 김제 송순주 • 전남 진도 홍주 • 경북 안동 소주 • 제주 오메기술	• 서울 문배주 • 충북 중원 청명주 • 충남 면천 두견주 • 전북 전주 이강주 • 경북 경주 교동 법주 • 경북 김천 과하주
향토주	• 부산 금정 막걸리 • 제주 좁쌀 약주 • 전남 승주 사삼주 • 경남 남해 유자주 • 강원 평창 감자주 • 인천 영선주 • 전북 전주 장군주	• 안양 옥미주 • 인천 칠선주 • 경남 함양 국화주 • 강원 횡성 율무주 • 강원 춘천 강냉이엿술 • 전북 완주 송죽오곡주 • 충북 청주 대추술

13 소주가 우리나라에 전해진 시기는? (2016년 1회)

① 삼국시대   ② 통일신라
③ 고려   ④ 조선

> note 소주는 고려 때 아랍에서 증류 기술을 도입한 원나라를 통해 우리나라에 전해졌다.

Answer
9.② 10.③ 11.③ 12.③ 13.③

14 고구려의 술로 전해지고 있으며, 여름날 황혼 무렵에 찐 차좁쌀로 담가서 그 다음날 닭이 우는 새벽녘에 먹을 수 있도록 빚었던 술은 무엇인가? (2014년 1회)

① 교동법주 ② 청명주
③ 소곡주 ④ 계명주

> note 계명주는 저녁에 술을 빚으면 새벽닭이 울 때 먹을 수 있다 하여 붙여진 이름으로 고구려 때 태어나 평양에서 명맥을 이어오다가 남한까지 피난 온 역사의 술이다. 이러한 계명주에는 고구려의 혼뿐만 아니라 통일에 대한 실향민들의 염원이 고스란히 담겨 있다.

6 비알코올성 음료

1 청량음료는 탄산이 포함된 탄산음료와 무탄산음료로 구분되는데, 다음 중 성격이 다른 하나를 고르면?

① 미네랄 워터 ② 사이다
③ 소다수 ④ 콜라

> note 청량음료는 탄산이 포함된 탄산음료와 무탄산음료로 구분되며, 탄산음료에는 콜라, 사이다, 환타, 소다수, 칼린스믹스, 진저엘 등이 있다. 무탄산 음료는 통상적으로 미네랄워터(Mineral Water : 생수)를 의미한다.

2 다음 중 비알코올성 음료에 대한 설명으로 틀린 것은? (2015년 3회)

① Decaffeinated coffee는 caffeine을 제거한 커피이다.
② 아라비카종은 이디오피아가 원산지인 향미가 우수한 커피이다.
③ 에스프레소 커피는 고압의 수증기로 추출한 커피이다.
④ Cocoa는 카카오 열매의 과육을 말려 가공한 것이다.

> note 코코아(Cocoa)는 초콜릿의 원료가 되는 카카오 페이스트를 압착하여 카카오 기름을 제거하고 분쇄한 것을 말한다.

3   다음 중 커피의 3대 원종이 아닌 것은 무엇인가? (2014년 1회, 2015년 2회, 2016년 1회)
   ① 아라비카종   ② 로부스타종
   ③ 리베리카종   ④ 수마트라종

   🍃note 커피의 3대 원종

커피(Coffee)	아라비카(Arabica)
	로부스타(Robusta)
	리베리카(Liberica)

4   다음 중 우리나라에서 최초로 커피를 마신 사람은 누구인가?
   ① 고종 황제   ② 이승만
   ③ 안창호   ④ 김구

   🍃note 우리나라에서 최초로 커피를 마신 사람은 고종 황제로서, 1896년 아관 파천 당시에 러시아 공사 베베르를 통해서 커피를 마셨다.

5   커피 품종의 특징에 대한 내용 중 코페아 카네포라에 관한 설명으로 옳지 않은 것은?
   ① 뿌리는 얕게 내린다.
   ② 향기가 풍부하면서도 좋은 단맛과 신맛이 난다.
   ③ 최적 강우량은 2,000~3,000mm이다.
   ④ 성숙한 열매는 나무에 붙어 있다.

   🍃note 코페아 카네포라는 향기가 부족하며, 쓴맛이 난다.

🌱 Answer
         14.④ / 1.① 2.④ 3.④ 4.① 5.②

01. 양주학개론 ★ 81

6 커피 품종에 관한 내용 중 코페아 아라비카에 대한 설명으로 가장 옳지 않은 것은?

① 병충해에 약하다.
② 생산량은 전 세계 총 생산량의 65~70% 정도를 차지하고 있다.
③ 카페인 함량은 5~7%이다.
④ 원산지는 에티오피아이다.

> note ③ 코페아 아라비카의 카페인 함량은 1~2%이다.
> ※ 커피 품종의 특징
>
> | 구분 | 코페아 아라비카 | 코페아 카네포라(로부스타) |
> |---|---|---|
> | 원산지 | 에티오피아 | 콩고 |
> | '종'으로 기술된 시기 | 1753년 | 1895년 |
> | 하부 품종 | 티피카, 버본, 카투라, 문도노보, 카투아이 등 | 로부스타, 코닐론 |
> | 관능 특성 | 향기 풍부, 좋은 신맛과 단맛 | 향기 부족, 쓴맛 |
> | 용도 | 원두커피(스트레이트 커피, 블렌드 커피에 사용) | 인스턴트 커피(믹스 커피) |
> | 생산량 | 세계 총 생산량의 65~70% | 30~35% |
> | 재배 특성 | 병충해에 약함 | 병충해에 강함 |
> | 재배 고도 | 해발 800~2,000m의 고지대 | 600m 이하 저지대 |
> | 재배 온도 | 연평균 기온 15~24℃ | 연평균 기온 24~30℃ |
> | 카페인 함량 | 1~2% | 2~4% |
> | 섬유질 | 평균 1.2% | 평균 2% |
> | 생산량(kg/ha) | 1,500~3,000 | 2,300~4,000 |
> | 뿌리 | 깊게 내림 | 얕게 내림 |
> | 염색체 | 44개 | 22개 |
> | 개화~결실 기간 | 9개월 | 10~11개월 |
> | 성숙한 열매 | 떨어짐 | 나무에 붙어 있음 |
> | 최적 강우량 | 1,500~2,000mm | 2,000~3,000mm |

7 커피 추출 기구에 대한 내용 중 재질에 따른 분류에 해당하지 않는 것은?

① 플라스틱 드리퍼 ② 금속 드리퍼
③ 유리 드리퍼 ④ 고노 드리퍼

> note ④ 커피 추출 기구 중 형태에 따른 분류에 해당한다.
> ※ 커피 추출 기구의 재질에 따른 분류
>   • 유리 드리퍼
>   • 금속 드리퍼
>   • 플라스틱 드리퍼
>   • 도기(세라믹) 드리퍼

도기 드리퍼

금속 드리퍼

유리 드리퍼

8 다음 커피 추출 기구에 대한 내용 중 성격이 다른 하나는?

① 도기 드리퍼
② 멜리타 드리퍼
③ 칼리타 드리퍼
④ 하리오 드리퍼

> note ①은 재질에 의한 분류에 속하며, ②③④는 형태에 의한 분류에 속한다.
> ※ 커피 추출 기구의 형태에 따른 분류
> • 고노 드리퍼
> • 멜리타 드리퍼
> • 칼리타 드리퍼
> • 하리오 드리퍼

칼리타 드리퍼

멜리타 드리퍼

고노 드리퍼

하리오 드리퍼

9 다음 중 더치 커피에 관한 설명으로 적절하지 않은 것은?

① 더치 커피의 추출 속도는 3초에 한 방울씩 떨어지는 정도가 적당하다.
② 일반적인 커피에 비해서 물맛이 커피의 맛과 향 등을 결정하는 데 많은 영향을 준다.
③ 추출 후 일주일 정도 숙성시킨 후에 마시게 되면 강하면서도 부드러운 더치 커피 특유의 맛을 느낄 수 있다.
④ 차가운 물로 장시간 추출하는 것이 특징이다.

> note ① 더치 커피의 추출 속도는 1.5초에 한 방울씩 떨어지는 정도가 적당하다.

Answer
6.③ 7.④ 8.① 9.①

10 에스프레소에 우유거품을 올린 것으로서 다양한 모양의 디자인이 가능하여 사람들에게 많은 인기를 끌고 있는 커피는 무엇인가? (2015년 2회)

① 카푸치노 ② 카페라테
③ 콘파냐 ④ 카페모카

🌙note 카푸치노는 오스트리아 합스부르크 왕가에서 처음 만들어 먹기 시작해서 제2차 세계대전이 끝난 후에 에스프레소 머신의 발달과 더불어서 세계적으로 퍼져나가기 시작하였다.

11 다음 중 비알콜성 음료(Non-Alcoholic Beverage)에 대한 내용으로 옳은 것은? (2015년 2회)

① 양조주, 증류주, 혼성주로 구분한다.
② 맥주, 위스키, 리큐르(liqueur)로 구분한다.
③ 소프트 드링크, 맥주, 브랜디로 구분한다.
④ 청량음료, 영양음료, 기호음료로 구분한다.

🌙note 음료의 구분

12 다음 중 영국에서 발명한 무색투명한 음료로 키니네가 함유된 청량음료는 무엇인가? (2014년 5회, 2015년 2회)

① Cider   ② Cola
③ Tonic Water   ④ Soda Water

> note 토닉 워터(Tonic Water)는 영국에서 처음으로 개발한 무색의 투명한 음료로서 레몬, 오렌지, 라임, 키니네 껍질 등의 엑기스에 당분을 배합해 만든 것을 말한다. 토닉 워터는 시고도 산뜻한 풍미(風味)를 지니고 있으며, 무색투명한 색깔을 하고 있고, 주로 칵테일용으로 활용된다.

13 다음 중 탄산음료의 종류가 아닌 것을 고르면? (2014년 5회)

① Tonic water   ② Soda water
③ Collins mixer   ④ Evian water

> note 에비안 수(Evian Water)는 프랑스 및 스위스 국경지대인 "래만" 호반이 있는 에비앙(Evian)시 근처에서 나오는 천연광천수로서 탄산가스가 없는 양질의 것으로 세계적인 청량음료를 의미한다.

14 다음 광천수 중에서 탄산수가 아닌 것은 무엇인가? (2014년 1회)

① 셀처 워터(Seltzer Water)   ② 에비앙 워터(Evian Water)
③ 초정약수   ④ 페리에 워터(Perrier Water)

> note 에비앙(Evian)은 프랑스와 스위스의 국경 가까이에 레만 호반이 있는 도시로서 이곳에서 용출되는 천연 광천수는 탄산가스가 없는 양질의 광천수를 의미한다.

15 다음 중 비알코올 음료에 해당하지 않는 것은?

① 영양음료   ② 증류주
③ 청량음료   ④ 기호음료

> note 비알코올 음료(Non-Alcoholic)는 청량음료(탄산음료, 무탄산음료), 영양음료(주스류, 우유류), 기호음료(커피, 차)로 구분된다.

Answer
10.① 11.④ 12.③ 13.④ 14.② 15.②

16 살균방법에 의한 우유의 분류에 속하지 않는 것을 고르면? (2015년 2회)

① 초저온 살균우유　　② 저온 살균우유
③ 고온 살균우유　　　④ 초고온 살균우유

> **note** 살균방법에 따른 우유의 분류
> ㉠ 저온 살균우유(LTLT : Low Temperature Long Time)
> • 60~65℃에서 약 30분간 살균하는 방식이다.
> • 이것은 병원성의 미생물을 죽이고 동시에 영양분의 파괴를 최소화시키기 위한 방식이다.
> • 장점 : 영양소의 파괴가 덜하다.
> • 단점 : 보관이 어렵고, 생산비용이 많은 관계로 고가이며, 많은 미생물이 잔존하고 있다.
> ㉡ 고온 살균우유(HTST : High Temperature Short Time)
> • 72~75℃에서 약 12~15초간 살균하는 방식이다.
> • 미생물들의 번식이 잘 되지 않는 제품 또는 원재료 그대로의 보관이 용이한 제품들을 생산한다.
> ㉢ 초고온 살균우유 (UHT : Ultra High Temperature)
> • 130~135℃에서 약 2~3초간 살균하며, 현재 가장 널리 활용되는 방식이다.
> • 장점 : 미생물들의 증식으로 인한 변질의 가능성이 가장 낮다.
> • 단점 : 일부의 영양소가 파괴될 소지가 있다.

17 다음 중 커피를 주원료로 하여 만든 리큐르는 무엇인가? (2014년 1회)

① Grand Marnier　　② Benedictine
③ Kahlua　　　　　　④ Sloe Gin

> **note** 칼루아(Kahlua)는 테킬라, 커피, 설탕 등을 주성분으로 하여 만들어진 리큐르를 의미한다.
> ① 그랑 마니에르(Grand Marnier)는 코냑에 오렌지 향을 가미시킨 프랑스산 리큐어를 의미한다.
> ② 베네딕틴(Benedictine)은 수십 종의 약초를 사용한 대략 42℃의 호박색 리큐르를 의미한다.
> ④ 슬로 진(Sloe Gin)은 유럽 들판에서 서식하는 자두를 당분과 함께 넣어서 숙성시켜 만든 술을 의미하며, 붉은 빛깔과 자두 향이 입맛을 자극하는 특징을 지니고 있다.

18 다음 중 프랑스 지역의 제품이 아닌 것은? (2016년 1회)

① Vichy Water　　② Seltzer Water
③ Evian Water　　④ Perrier Water

> **note** ② Seltzer Water는 독일의 위스바덴 지방에서 용출되는 천연 광천수로서 위장병 등에 효과가 좋다.

⑦ 칵테일

1 믹싱 글라스(Mixing Glass)에서 제조된 칵테일을 글라스에 따를 때에 얼음이 흘러나오지 않도록 막아주는 역할을 하는 기구는?

① Blender ② Strainer
③ Squeezer ④ Bar Spoon

> note 스트레이너(Strainer)는 믹싱 글라스(Mixing Glass)에서 제조된 칵테일을 글라스에 따를 때에 얼음이 흘러나오지 않도록 막아주는 역할을 하는 기구로서, 주걱모양을 하고 있는 평평한 스테인리스 판에 나선형의 용수철을 장치한 것을 말한다.

2 다음 중 칵테일에 사용되는 것으로 표준 크기가 120㎖이며, 다리가 달린 글라스가 대부분이지만 평평한 타입도 사용되고 있는 것은?

① Tumbler Glass ② Pousse Cafe Glass
③ On The Rocks Glass ④ Sour Glass

> note 사워 글라스(Sour Glass)는 시큼한 맛을 특징으로 하는 사워 형태의 칵테일을 제공하는 글라스를 말한다. 특히, 위스키 사워, 브랜디 사워 등을 만들 때 많이 활용한다.

3 다음 중 하이볼 글라스(Highball Glass)라고도 하며, 표준 크기가 180~240㎖인 것은?

① Tumbler Glass ② Pousse Cafe Glass
③ On The Rocks Glass ④ Liqueur Glass

> note 텀블러 글라스(Tumbler Glass)는 롱 드링크에 활용되는 글라스로 하이볼 글라스(Highball Glass)라고도 하며, 표준 크기는 180~240㎖인데, 주로 240㎖의 글라스를 많이 활용한다.

Answer
16.① 17.③ 18.② / 1.② 2.④ 3.①

4 신맛이 강하고 시간에 구애받지 않으면서 언제라도 마실 수 있는 칵테일은?

① Old Fashioned   ② New York
③ Whisky Sour   ④ Rusty Nail

> note 위스키 사워(Whisky Sour)는 여러 재료(Bourbon Whisky, Lemon Juice, Sugar, Soda Water, Lemon Slice, Cherry 등)와 얼음을 셰이커에 넣고 셰이킹을 한 후 사워 글라스에 따른 후 소다수를 채우고 레몬 및 체리로 장식하여 제공하게 된다.

5 럼(Rum)에 갖가지 약초를 넣어 만든 쓴 맛이 나는 일종의 식전 음료(Aperitif)로서, 칵테일의 부재료로 많이 활용되고 있는 것은?

① Soft Drink   ② Syrup
③ Vermouth   ④ Bitter

> note 비터(Bitter)의 일종인 유명한 앙고스트라 비터(Angostura Bitter)는 독일의 군의관인 요한 시이커트(J.G.B Siegert) 박사가 남미 베네주엘라의 앙고스트라 시에 있는 육군병원에서 럼(Rum)에 갖가지 약초를 넣어 건위제로 개발한 것인데, 요즘에는 식전 음료나 칵테일 등의 부재료로서 많이 활용되고 있다.

6 오렌지, 레몬, 체리를 장식하여 제공하며 식전주로 적합한 칵테일을 무엇이라고 하는가?

① Old Fashioned   ② Rusty Nail
③ Whisky Sour   ④ New York

> note 올드 패션드(Old Fashioned)는 올드 패션드 글라스에 각설탕, 앙고스트라 비터, 소다수를 넣고, 바 스푼으로 잘 저어서 설탕을 녹인 후에 얼음과 위스키를 넣고 다시 한번 저어주는 방식의 칵테일을 의미한다.

7 다음 중 트로피칼 칵테일의 여왕으로 불리고 있는 유명한 칵테일은?

① Sun Burn   ② Mai-Tai
③ Bacadi   ④ Daiquiri

> note 마이 타이(Mai-Tai)는 다크 럼을 제외한 갖가지의 재료(Light Rum, Dark Rum, Triple Sec, Lemon Juice, Orange Juice, Pineapple Juice, Pineapple Slice, Cherry 등)와 얼음을 셰이커에 넣고, 셰이킹한 후에 잘게 부순 얼음을 채운 후, 고블렛 글라스 또는 올드 패션드 글라스에 따라 다크 럼을 띄운 후에 파인애플 및 체리 또는 오렌지 등으로 장식해서 제공하는 칵테일을 말한다.

8 얼음 및 재료 등을 텀블러 글라스에 넣고 진저 에일을 8부 정도 채워 저은 후에 오렌지를 장식하고 머들러를 꽂아서 제공하는 형태의 칵테일을 무엇이라고 하는가?

① Mimosa ② Kir
③ Wine Cooler ④ Spritzer

> note 와인 쿨러(Wine Cooler)는 얼음 및 재료 등을 텀블러 글라스에 넣고 진저 에일을 8부 정도 채워 저은 후에 오렌지를 장식하고 머들러를 꽂아서 제공하는 형태로, 맛이 시원하고 부드러우며 청량감이 좋은 칵테일이다.

9 보통 10~15분 이내에 마셔야 제 맛을 느낄 수 있는 순수한 의미의 칵테일을 무엇이라고 하는가?

① Aperitif Cocktail ② Long Drink
③ Short Drink ④ Middle Drink

> note 쇼트 드링크(Short Drink)는 120㎖(4oz) 미만의 용량 글라스로 내는 음료이고, 이는 주로 술과 술을 섞어서 만든다. 칵테일은 잘 냉각된 음료이기 때문에 온도가 올라가지 않은 때에 가급적 빨리 마시는 것이 좋다.

10 다음의 내용은 칵테일 부재료 중 무엇에 관한 것인가?

- 칵테일 조제 시에 가장 널리 사용하는 얼음이다.
- 주스 및 콜라 등을 마실 때에 널리 활용된다.

① 크렉트 아이스 ② 럼프 아이스
③ 쉐이브드 아이스 ④ 큐브 아이스

> note 큐브 아이스(Cube Ice)는 입방체 모양의 네모 반듯한 각얼음을 의미하며, 롱 드링크 및 주스나 콜라 등을 마실 때에도 널리 활용된다.

Answer
4.③ 5.④ 6.① 7.② 8.③ 9.③ 10.④

11 다음의 내용은 칵테일 부재료 중 무엇에 관한 것인가?

> • 시럽 중에서 가장 많이 활용된다.
> • 주로 칵테일에서 색을 내기 위해 활용된다.

① 그레나딘 시럽 ② 플레인 시럽
③ 라즈베리 시럽 ④ 메이플 시럽

　note 그레나딘 시럽(Grenadine Syrup)은 당밀에 석류를 주원료로 하여 만든 붉은 색의 달콤한 시럽이다.

12 다음 중 텀블러에 비해서 키가 크며 입구 직경이 작기 때문에 탄산가스가 오래 지속될 수 있는 글라스는?

① Collins Glass ② Tulip Glass
③ Goblet Glass ④ Whiskey Glass

　note 콜린스 글라스(Collins Glass)는 탄산음료, 탐칼린스 또는 발포성 와인 등을 활용한 탄산가스 등이 함유된 칵테일 등에 활용하며, 용량은 300~360㎖ 정도이다.

13 다음 칵테일의 분류 중 용도에 따른 분류에 속하지 않는 것은?

① 상시용 칵테일 ② 애프터 디너 칵테일
③ 애피리티프 칵테일 ④ 알콜릭 칵테일

　note 칵테일의 용도에 의한 분류
　　• 애프터 디너 칵테일(After Dinner Cocktail)
　　• 애피리티프 칵테일(Aperitif Cocktail)
　　• 상시용 칵테일(All Day Cocktail)

14 주로 소량을 재거나 믹싱글라스 재료를 섞을 때 활용되며 레이어기법을 조주할 때 활용되는 기구는?

① 얼음송곳　　　　　　　　② 얼음집게
③ 얼음통　　　　　　　　　④ 바 스푼

> note 바 스푼은 주로 소량을 재거나 믹싱글라스 재료를 섞을 때 활용되며 레이어기법을 조주할 때도 활용된다. 통상적으로 보통 스푼에 비해 자루가 길며, 한쪽 끝부분은 작은 스푼으로, 또 다른 한쪽은 포크형태로 구성되어 있다.

15 다음 중 시간에 따른 칵테일의 분류에 해당하는 것은?

① 윈터 드링크　　　　　　② 쇼트 드링크
③ 스트레이트 드링크　　　④ 콜드 드링크

> note 시간에 따른 칵테일의 분류
> • 롱 드링크(Long Drink)
> • 쇼트 드링크(Short Drink)

16 설탕, 계란, 크림, 꿀, 시럽 등의 용해가 쉽지 않은 재료들을 서로 잘 섞일 수 있도록 함과 더불어 차갑게 해 주는 기구는?

① 바 스푼　　　　　　　　② 와인 쿨러
③ 셰이커　　　　　　　　　④ 제빙기

> note 셰이커는 설탕, 계란, 크림, 꿀, 시럽 등의 용해가 쉽지 않은 재료들을 서로 잘 섞일 수 있도록 함과 더불어 차갑게 해 주며, 뚜껑과 몸통 및 여과기 3가지 부분으로 구성되어 있다.

Answer
11.① 12.① 13.④ 14.④ 15.② 16.③

17 비중이 서로 다른 술을 섞이지 않도록 하고 띄워서 여러 가지 색상으로 음미 가능하도록 한 칵테일을 무엇이라고 하는가? (2014년 5회)

① 프라페(Frappe) ② 슬링(Sling)
③ 피즈(Fizz) ④ 푸스카페(Pousse Cafe)

> note 푸스 카페(Pousse Cafe)는 칵테일 스타일의 일종이다. 각각 색이 다르며 비중도 다른 다양한 술을 섞이지 않도록 비중이 무거운 순으로 따라서 만든다. 잔 속에 무지개가 떠 있는 것처럼 아름답고 화려하다.

18 다음 중 열대성 칵테일 조제 시에 많이 활용되는 얼음은 무엇인가?

① 럼프 아이스 ② 큐브 아이스
③ 크러쉬드 아이스 ④ 블록 아이스

> note 크러쉬드 아이스(Crushed Ice)는 큐브 아이스보다는 작은 알맹이로 통상적으로 콩알 크기 형태의 으깬 얼음을 말한다.

19 푸스카페, 엔젤스 키스 등의 칵테일에 활용하며, 용량은 1온스(30㎖) 정도로 계량컵 대신에 활용이 가능한 글라스는?

① Old Fashioned Glass ② Cocktail Glass
③ Liqueur Glass ④ High-bal Glass

> note 리큐르 글라스(Liqueur Glass)는 위스키, 리큐르, 스피리츠 등을 스트레이트로 마실 때 활용하는 글라스이다.

20 믹싱 글라스를 통해서 재료들이 섞이는 모습이 보여서 생동감 있는 모습을 연출할 수 있는 칵테일 기구는 무엇인가?

① Boston Shaker
② Bar Spoon
③ Jigger
④ Mixing Glass

> note 보스턴 셰이커(Boston Shaker)는 믹싱틴과 믹싱 글라스로 이루어져 있으며, 믹싱 글라스를 통해 재료가 섞이는 모습이 보여서 생동감 있는 모습의 연출이 가능하다.

21 다음 중 음료가 일정한 양으로 나올 수 있도록 조절하는 기능이 있으므로 정확한 계량이 가능한 칵테일 기구는?

① Garnish Tongs
② Pourer
③ Linen
④ Zester

> note 푸어러(Pourer)는 음료의 입구에 끼워서 활용하는 도구를 의미한다. 이는 음료가 일정한 양으로 나올 수 있도록 조절하는 기능이 있기 때문에 정확한 계량이 가능하며, 불필요한 음료의 손실에 대한 예방이 가능해서 상당히 유용하다.

Answer
17.④ 18.③ 19.③ 20.① 21.②

22 스페인 특산의 포티파이드 와인이나 셰리를 마실 때에 쓰는 글라스로 리큐르 글라스와 와인 글라스의 중간 크기인 이것을 무엇이라고 하는가?

① 고블렛 글라스
② 셰리 글라스
③ 브랜디 글라스
④ 샴페인 글라스

> note 셰리 글라스(Sherry Glass)는 스페인 특산의 포티파이드 와인이나 셰리를 마실 때에 쓰는 글라스로 용량은 60㎖~75㎖ 정도이다(표준은 60㎖이다).

23 다음의 내용이 설명하고 있는 것은?

- 알코올의 쓴 맛을 완화시키며 산뜻한 맛을 제공한다.
- 원산지는 아시아이다.

① Mint
② Banana
③ Lime
④ Pineapple

> note 라임(Lime)은 과일 중 신 맛이 가장 강하며, 열매는 레몬보다 조금 작은 형태를 지니고 있다. 맛은 레몬에 비해 쓴 맛과 신 맛이 강하며, 향기가 있고 녹색 과즙이라는 특색을 지니고 있다.

Answer
22.② 23.③

2일차. 주장관리와 서비스 영어에 대해서 알아보자!

01. 주장관리개론
    기출·출제예상문제
02. 기초영어
    기출·출제예상문제

Chapter 01 주장관리개론

1. 주장의 개요 및 조직과 직무

☀ 주장(酒場)의 개요
① 정의 : 술을 판매하는 곳을 말한다.
② 종류 : 바(Bar), 라운지(Lounge), 나이트클럽(night club), 카바레(cabaret) 등으로 구분한다.
③ 주장의 조직

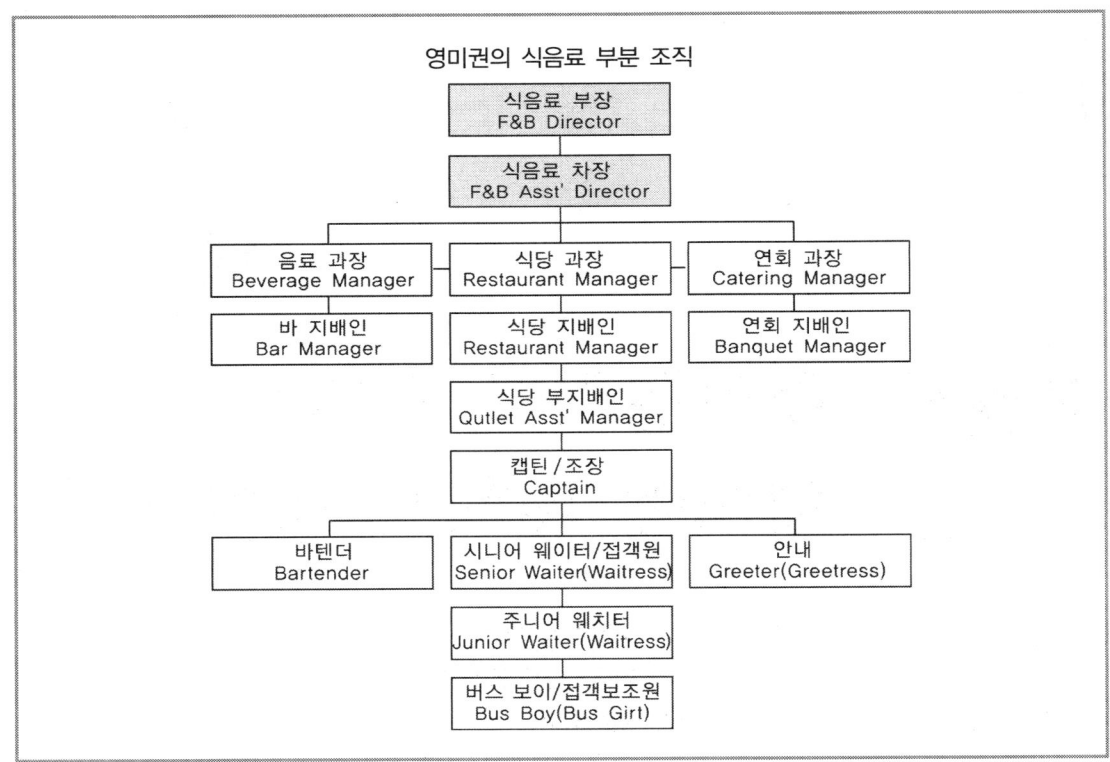

☀ 바(bar)의 어원
프랑스어의 "Bariere"에서 온 말로 고객과 Bar Man사이에 가로질러진 널판을 Bar라고 하던 개념이 현대에 와서는 술을 파는 식당을 총칭하게 되었다.

☼ 펍(pub)

영국풍의 술을 비롯한 여러 음료와 음식도 파는 대중적인 술집

☼ 캐시 바(cash bar)

고객이 술값을 현금으로 지급하는 연회장 내의 임시적으로 설치하는 바

☼ 바텐더

음료에 대한 전문지식을 가지고 칵테일을 조주하여 고객에게 제공하는 자

☼ 바텐더의 주요 업무

- 칵테일이나 과일펀치 등을 만들기 위하여 증류수·소다수·칵테일용 음료 등과 코냑·위스키·진·보드카 등의 술을 칵테일 방법에 따라 적당히 혼합하여 맛을 낸다.
- 와인·생맥주·병맥주 및 칵테일용 과일·증류수·소다수 등의 부족한 식재료를 청구한다.
- 조주된 음료를 웨이터에게 인계한다.
- 매일 판매된 음료와 술을 일일판매기록부에 기록·정리하고 월말에는 재고조사를 한다.
- 항상 칵테일 방법을 연구한다.
- 필요한 글라스 및 기물 등을 보관·유지한다.

☼ 바 매니저(Bar Manager)의 주 업무

- 영업 및 서비스에 관한 지휘 통제권을 갖는다.
- 직원의 근무 시간표를 작성한다.
- 직원들의 교육 훈련을 담당한다.

☼ 바 헬퍼(Bar helper)

칵테일 재료의 준비와 청결 유지를 위한 청소담당 등을 하면서 바텐더를 보조한다.

☼ 소믈리에(sommelier)

서양 음식점에서 손님이 주문한 요리와 어울리는 와인을 손님에게 추천하는 일을 전문으로 하는 사람

☀ 조주의 목적
- 술과 술을 섞어서 두 가지 향의 배합으로 색다른 맛을 얻을 수 있다.
- 술과 소프트 드링크의 혼합으로 좀 더 부드럽게 마실 수 있다.
- 술과 기타 부재료를 가미하여 좀 더 독특한 맛과 향을 창출해 낼 수 있다.

☀ 주장의 캡틴 역할
- 서비스 준비사항과 구성인원을 점검한다.
- 지배인을 보좌하고 업장 내의 관리업무를 수행한다.
- 고객으로부터 직접 주문을 받고 서비스 등을 지시한다.

2 주장 운영 관리

☀ 바의 구조
① 프론트 바(Front Bar) : 손님이 주문을 하고 술을 제공받는 손님들의 이용 장소. 카운터 바(Counter Bar)로도 불림
② 백 바(Back Bar) : 술의 저장 및 전시를 하기 위한 장소로 Glass 등을 전시함
③ 언더 바(Under Bar) : 칵테일을 만들기 위한 곳

☀ 바 카운터 요건
- 카운터의 높이는 1~1.5m 정도가 적당하며 너무 높아서는 안 된다.
- 작업대(Working board)는 카운터 뒤에 수평으로 부착시켜야 한다.
- 카운터 표면은 잘 닦여지는 재료로 되어 있어야 한다.

☀ 구매된 주류 저장관리의 원칙
- 적정온도 유지의 원칙
- 품목별 분류저장의 원칙
- 선입선출의 원칙

☀ 선입선출의 원칙(F.I.F.O ; First-In, First-Out)

메저 컵(Measure Cup)
술의 용량을 재는 기구를 말한다. 작은 쪽은 포니(Pony)라 부르고 30㎖의 용량이며, 큰 쪽은 지거(Jigger)라 부르고 45㎖의 용량이다.

Shaker
칵테일을 만들 때 쓰는 대표적인 기구로 칵테일 재료와 얼음을 넣고 손으로 흔들어서 섞는 기구이다. 달걀(Egg), 크림(Cream), 설탕(Sugar) 등 잘 섞이지 않는 재료가 들어가는 칵테일 제조 시 사용된다.

빈(bin)
즈류 저장소에 술병을 넣어 놓는 장소

품목별카드(Bin Card)
음료 입고와 출고에 따른 재고 기록카드

코스터(coaster)
컵 밑에 받치는 깔판

코르크스크루(Corkscrew)
와인을 오픈할 때 사용하는 기구

코르크 마개 특성
- 코르크 참나무의 외피로 만든다.
- 신축성이 뛰어나다.
- 밀폐성이 있다.

스퀴저(Squeezer)
레몬, 오렌지를 짤 때 사용하는 기구

☼ 글라스의 구조
- 립(Lip) : 입술이 닿는 부분
- 보울(Bowl) : 잔의 몸통 부분
- 스템(Stem) : 손으로 잡는 부분
- 베이스(base) : 잔의 받침 부분

☼ 칵테일 글라스(Cocktail Glass)의 3대 명칭
베이스, 스템, 보울

☼ 기물의 취급방법
- 금이 간 접시나 글라스는 규정에 따라 폐기한다.
- 크리스털 글라스는 가능한 손으로 세척한다.
- 식기는 같은 종류별로 보관하며 너무 많이 쌓아두지 않는다.
- 은기물은 세척기(Dish Washer)에서 뜨거운 물로 세척액을 사용하여 충분히 씻어낸다.

☼ 여과기(strainer)
믹싱 글라스(Mixing Glass)에서 제조된 칵테일을 글라스에 따를 때 얼음이 흘러나오지 않도록 막아주는 역할을 하는 기구

☼ 수확연도 표시 유무에 의한 분류
- 빈티지 와인(Vintage Wine) : 수확 연도를 표시한 와인
- 넌 빈티지 와인(None Vintage Wine) : 포도의 수확 연도를 표시하지 않은 와인

☼ 지거(Jigger)
장구와 흡사하게 생긴 금속성 글라스로 두 개의 컵이 마주 붙어 있는 모양을 하고 있으며, 30㎖(1oz), 45㎖(1.5oz) 용량 표시 계량컵이 사용된다.

☼ 주장(Bar)의 운영 관리 구분
메뉴관리, 구매관리, 검수관리, 저장과 출고관리, 원가관리, 판매관리

☼ 전수 검수법
식재료가 소량이면서 고가인 경우나 희귀한 아이템의 경우에 검수 하는 방법

☼ 구매관리 업무
납기관리, 우량 납품업체 선정, 시장조사

☼ 식재료 원가
(식재료 원가/총매출액) × 100

☼ Red Wine Decanting
디캔딩은 오래된 와인 안에 생긴 침전물을 제거하고 와인의 맛과 향을 풍부하도록 만들어주는 과정으로 와인 바구니(Wine Cradle), 촛대(Candle)를 이용하여 침전물을 확인하고 냅킨이 필요하다.

☼ 머들러(muddler)
설탕이나 장식과일 등을 으깨거나 혼합할 때 사용하는 막대

☼ 크레디트 메모(Credit memorandum)
검수과정에서 거래약정기준과 차이가 발견되었을 경우 이를 시인시켜 차후의 신용유지를 관리할 목적으로 작성한다.

☼ par stock
저장되어 있는 적정 재고량

☼ Wine basket
포도주를 식탁 위에 뉘어놓기 위한 바구니로 레드와인을 서브할 때 사용하는 기구

☼ 와인병을 눕혀서 보관하는 이유
코르크의 미세한 틈새로 공기가 투입되면 와인이 산화되어 색과 향이 변질될 수 있기 때문에 항상 코르크 마개가 젖어 있도록 눕혀서 보관한다.

☼ 얼음을 다루는 기구
- Ice Pick – 얼음을 깰 때 사용하는 기구
- Ice Scooper – 얼음을 떠내는 기구
- Ice Crusher – 얼음을 가는 기구
- Ice Tong – 얼음을 집기 위한 기구

☼ 1 온스(oz) = 28.3495g = 29.5㎖

☼ 스토퍼(Stopper)

마시다 남은 샴페인을 탄산가스가 밖으로 새지 않도록 보존하는 역할

☼ pony

30㎖를 계량하는 양

☼ 주장 원가의 3요소

인건비, 재료비, 주장경비

③ 식품위생 및 관련 법규

☼ 위생적인 주류 취급방법
- 먼지가 많은 양주는 깨끗이 닦아 Setting한다.
- 사용한 주류는 항상 뚜껑을 닫아 둔다.
- 창고에 보관할 때는 Bin Card를 작성한다.
- 화이트 와인의 적정온도는 12~14℃ 정도이고 적정 시음 온도는 5~10℃ 정도로 차게 해서 마시는 것이 좋다.

☼ 와인 보관 방법
- 레드 와인 – 상온(섭씨 18~20℃)
- 화이트 와인 – 10℃ 정도

☼ Wine 저장 방법
- 화이트 와인은 냉장고에 보관하되 그 품목에 맞는 온도를 유지해 준다.
- 레드 와인은 상온 Cellar에 보관하되 그 품목에 맞는 적정온도를 유지해 준다.
- 와인은 햇볕이 잘 들지 않고 통풍이 잘되는 곳에 보관하는 것이 좋다. 와인을 보관하는데 가장 중요한 요소는 온도와 자외선, 진동으로 와인의 잦은 이동이나 흔들림은 좋지 않다.

✹ 맥주

FIFO의 원칙을 적용하기에 가장 적합한 술로 맥주는 보관방법에 따라 유효기간이 정해져 있으므로 선입선출의 원칙이 적용되어야 한다.

✹ 맥주의 보관·유통 시 주의 사항

- 심한 진동을 가하지 않는다.
- 너무 차게 하지 않는다.
- 햇볕에 노출시키지 않는다.
  → 맥주가 산소와 접촉하면 시간이 경과함에 따라 맥주성분 중의 일부분이 산화되어 맥주에 나쁜 향이 발생한다.

✹ 주세법상 주류

- 주정(희석하여 음료로 할 수 있는 에틸알코올을 말하며, 불순물이 포함되어 있어서 직접 음료로 할 수는 없으나 정제하면 음료로 할 수 있는 조주정을 포함)
- 알코올분 1도 이상의 음료(용해하여 음료로 할 수 있는 가루 상태인 것을 포함하되, 「약사법」에 따른 의약품으로서 알코올분이 6도 미만인 것

✹ 주류의 종류(주세법 제4조)

① 주정
② 발효주류 : 탁주, 약주, 청주, 맥주, 과실주
③ 증류주류 : 소주, 위스키, 브랜디, 일반 증류주, 리큐르
④ 기타 주류

✹ 알코올의 농도

알코올분의 도수는 섭씨 15℃에서 전체용량 100분 중에 포함되어 있는 알코올분의 용량

✹ 주장의 영업 허가 근거 법률

식품위생법

☼ 식품위생법상 식품접객업의 구분

- 휴게음식점영업 : 주로 다류, 아이스크림류 등을 조리·판매하거나 패스트푸드점, 분식점 형태의 영업 등 음식류를 조리·판매하는 영업으로서 음주행위가 허용되지 아니하는 영업. 다만, 편의점, 슈퍼마켓, 휴게소, 그 밖에 음식류를 판매하는 장소에서 컵라면, 일회용 다류 또는 그 밖의 음식류에 물을 부어 주는 경우는 제외함
- 일반음식점영업 : 음식류를 조리·판매하는 영업으로서 식사와 함께 부수적으로 음주행위가 허용되는 영업
- 단란주점영업 : 주로 주류를 조리·판매하는 영업으로서 손님이 노래를 부르는 행위가 허용되는 영업
- 유흥주점영업 : 주로 주류를 조리·판매하는 영업으로서 유흥종사자를 두거나 유흥시설을 설치할 수 있고 손님이 노래를 부르거나 춤을 추는 행위가 허용되는 영업
- 위탁급식영업 : 집단급식소를 설치·운영하는 자와의 계약에 따라 그 집단급식소에서 음식류를 조리하여 제공하는 영업
- 제과점영업 : 주로 빵, 떡, 과자 등을 제조·판매하는 영업으로서 음주행위가 허용되지 아니하는 영업

④ 고객 서비스

☼ 바텐더 직무

- 글라스류 및 칵테일용 기물을 세척·정돈한다.
- 바텐더는 여러 가지 종류의 와인에 대하여 충분한 지식을 가지고 서비스를 한다.
- 호텔 내외에서 거행되는 파티를 돕는다.

☼ 바텐더의 준수 규칙

- 취객을 상대할 땐 참을성과 융통성을 발휘한다.
- 주문에 의하여 신속, 정확하게 제공한다.
- 조주할 때에는 사용하는 재료의 상표가 고객을 향하도록 한다.

☼ 바텐더가 지켜야 할 사항

- 항상 고객의 입장에서 근무하여 고객을 공평히 대해야 한다.
- 업장에 손님이 없을 때에도 서비스 자세를 바르게 유지하여야 한다.
- 고객의 취향에 맞추어 서비스해야 한다.

☼ Bar 종사원의 올바른 태도

- 영업장내에서 동료들과 좋은 인간관계를 유지한다.
- 항상 예의 바르고 분명한 언어와 태도로 고객을 대한다.
- 손님에게 지나친 주문을 요구하지 않는다.

☼ 칵테일 제조 기법

① 직접 넣는 기법(Building) : 칵테일 조주 시 가장 쉬운 기법으로 글라스에 바로 조주하는 방법
② 흔드는 기법(shaking) : 달걀, 유제품, 꿀과 같은 잘 섞이지 않는 재료들을 잘 섞이게 하고, 동시에 내용물을 차갑게 하는 방법
③ 휘젓는 기법(Stirring) : 믹싱 글라스 또는 셰이크 보디에 얼음과 재료를 넣고 바 스푼으로 저어서 만드는 방법
④ 가는 기법(Blending) : 블렌더를 사용하여 재료와 얼음을 함께 넣고 가는 방법
⑤ 층 쌓는 기법(Floating or Layering) : 술의 비중이 다른 점을 이용하여 층을 쌓는 방법
⑥ 으깨는 기법(Muddling) : 허브나 생과일의 맛과 향이 더욱 강해지도록 으깨는 방법
⑦ 묻히는 기법(Rimming) : 글라스 주위에 설탕이나 소금을 묻히는 방법

☼ 얼음의 사용방법

얼음 칵테일용으로 사용되는 얼음은 얼음 속에 공기가 들어가 있지 않고, 냄새가 없고 투명해야 하며, 물에 잘 녹지 않는 단단한 얼음이어야 한다.

☼ 스파클링 와인(Sparkling Wine) 서비스 방법

- 병을 천천히 돌리면서 천천히 코르크가 빠지게 한다.
- 상표가 보이게 하여 테이블에 놓여있는 글라스에 천천히 넘치지 않게 따른다.
- 오랫동안 거품을 간직할 수 있는 플루트(Flute)형 잔에 따른다.
- 발포성 와인(Sparkling Wine)은 8~14%의 알코올과 탄산가스를 함유한 와인으로 거품이 넘치지 않도록 조심스럽게 따서 잔에 부을 때 넘치지 않도록 따르도록 한다.

☼ 무료 서비스(complimentary service)

호텔에서 호텔홍보, 판매촉진 등 특별한 접대목적으로 서비스의 일부를 무료로 제공하는 것

☼ happy hour

칵테일 바나 펍(Pub) 등에서 고객이 붐비지 않은 시간대(오후 4시에서 6시 사이)에 저렴한 가격이나 무료로 음료 및 스낵 등을 제공하는 가격할인 판매시간

☼ 바람직한 음주습관

- 반드시 안주를 함께 먹는다.
- 단백질이 풍부한 식품을 먹는다.
- 천천히 마신다.
- 독한 술은 희석해서 마신다.
- 울분을 풀기 위해서나 극도의 불안상태에서는 마시지 않는다.
- 술은 다른 종류끼리 섞어 마시지 않도록 하며 부득이 섞어 마실때는 약한 술로 시작해서 강한 술로 끝내야 한다.
- 담배를 피우면서 마시지 않는다.
- 해장술은 몸에 이중으로 해로움을 주기 때문에 피한다.

☼ 푸스 카페(Pousse Cafe)

술의 비중을 이용하여 리큐르, 증류주, 시럽 등을 푸스 카페 글라스에 층층이 쌓아서 만든 것으로 층 쌓는 기법인 플로팅(Floating)이나 레이어링(Layering) 등의 방식이 적합하다.

☼ 네그로니(Negroni) 칵테일의 재료

드라이 진, 캄파리, 스위트 베르무트

☼ 깁슨(Gibson)

진 베이스의 칵테일

☼ 준벅(June Bug) 재료

vodka, coconut rum, orange or pineapple juice

☼ 맛에 따른 칵테일의 분류

- 스위트 칵테일(Sweet Cocktail)
- 사워 칵테일(Sour Cocktail)
- 드라이 칵테일(Dry Cocktail)

☼ 허니문 칵테일
애플 브랜디, 베네딕티누, 레몬 주스, 오렌지 큐라소

☼ 와인을 주재료(wine base)로 한 칵테일
키어(Kir), 스프리처(Sprizer), 미모사(Mimosa)

☼ 블루 하와이
럼을 베이스로 사용한 칵테일

☼ 깁슨(gibson)
진 베이스의 칵테일로 어니언(onion)을 칵테일 핀에 꽂아서 장식함

☼ 칵테일의 기본 5요소
맛, 향, 색, 장식, 글라스

☼ 토디(toddy)
뜨거운 물 또는 차가운 물에 설탕과 술을 넣어서 만든 칵테일

☼ 생맥주(Draft Beer) 취급요령
- 2~3℃의 온도를 유지할 수 있는 저장시설을 갖추어야 한다.
- 술통 속의 압력은 12~14 pound로 일정하게 유지해야 한다.
- 글라스에 서비스할 때 3~4℃정도의 온도가 유지되어야 한다.
- 생맥주는 오래 저장하면 맛이 변질되므로 선입선출(First In First Out)원칙을 지킨다.

☼ 보크 비어(Bock Beer)
윗맥즙의 농도가 16% 이상인 짙은 색의 독한 맥주로 향미가 짙고 단맛을 띤 강한 흑맥주

주장관리개론

chapter 01 기출·출제예상문제

※ 기출문제는 복원하여 재구성하였습니다.

1 주장의 개요 및 조직과 직무

1 (A), (B), (C)에 들어갈 말을 순서대로 나열한 것은?

> (A)는 프랑스어의 (B)에서 유래된 말로 고객과 바텐더 사이에 가로질러진 널판을 (C)라고 하던 개념이 현재에 와서는 술을 파는 식당을 총칭하는 의미로 사용되고 있다.

① Flair, Bariere, Bar
② Bar, Bariere, Bar
③ Bar, Bariere, Bartender
④ Flair, Bariere, Bartender

> note ② 바는 프랑스어의 "Bariere"에서 온 말로 고객과 Bar Man사이에 가로질러진 널판을 Bar라고 하던 개념이 현대에 와서는 술을 파는 식당을 총칭하는 의미로 사용되고 있다.

2 생맥주를 중심으로 각종 식음료를 비교적 저렴하게 판매하는 영국식 선술집은?

① Saloon
② Pub
③ Lounge Bar
④ Banquet

> note ② 펍(pub)은 영국풍의 술을 비롯한 여러 음료와 음식도 파는 대중적인 술집이다.

3 행사장에 임시로 설치해 간단한 주류와 음료를 판매하는 곳의 명칭은?

① Open Bar
② Dance Bar
③ Cash Bar
④ Lounge Bar

> note ③ 캐시 바(cash bar)는 고객이 술값을 현금으로 지급하는 연회장 내의 임시적으로 설치하는 바를 말한다.

4 조주보조원이라 일컬으며 칵테일 재료의 준비와 청결 유지를 위한 청소담당 및 업장 보조를 하는 사람은?

① 바 헬퍼(Bar helper)
② 바텐더(Bartender)
③ 헤드 바텐더(Head Bartender)
④ 바 매니져(Bar Manager)

> note ① 바 헬퍼(Bar helper)는 칵테일 재료의 준비와 청결 유지를 위한 청소담당 등을 하면서 바텐더를 보조한다.

5 포도주를 관리하고 추천하는 직업이나 그 일을 하는 사람을 뜻하며 와인마스타(wine master)라고도 불리는 사람은? (2015년 1회)

① 쉐프(chef)
② 소믈리에(sommelier)
③ 바리스타(barista)
④ 믹솔로지스트(mixologist)

> note ② 소믈리에(sommelier)는 서양 음식점에서 손님이 주문한 요리와 어울리는 와인을 손님에게 추천하는 일을 전문으로 하는 사람을 말한다.

6 바텐더(bartender)의 직무에 관한 설명으로 가장 거리가 먼 것은?

① 바 카운터 내의 청결을 위하여 정리정돈 등을 수시로 해야 한다.
② 파 스탁(par stock)에 준한 보급수령을 해야 한다.
③ 각종 기계 및 기구의 작동상태를 점검해야 한다.
④ 조주는 바텐더 자신의 기준이나 아이디어에 따라 제조해야 한다.

> note ④ 표준 레시피(standard recipe)를 적용하여야 한다.

Answer
1.② 2.② 3.③ 4.① 5.② 6.④

7 주장(bar) 영업종료 후 재고조사표를 작성하는 사람은?

① 식음료 매니저　　　② 바 매니저
③ 바 보조　　　　　　④ 바텐더

> note ④ 바텐더는 주장 영업 종료 후 재고조사표를 작성한다.

8 바 매니저(Bar Manager)의 주 업무가 아닌 것은?

① 영업 및 서비스에 관한 지휘 통제권을 갖는다.
② 직원의 근무 시간표를 작성한다.
③ 직원들의 교육 훈련을 담당한다.
④ 인벤토리(Inventory)를 세부적으로 관리한다.

> note ④ 바 매니저는 인벤토리(Inventory)를 세부적으로 관리하지 않는다.

9 주장의 캡틴(Bar Captain)에 대한 설명으로 틀린 것은? (2014년 1회)

① 영업을 지휘·통제한다.
② 서비스 준비사항과 구성인원을 점검한다.
③ 지배인을 보좌하고 업장 내의 관리업무를 수행한다.
④ 고객으로부터 직접 주문을 받고 서비스 등을 지시한다.

> note ① 캡틴은 영업 준비 상태와 종사원의 복장 및 용모를 점검하고, 고객을 맞아 식음료의 주문과 서비스를 담당한다.

10 조주를 하는 목적과 거리가 가장 먼 것은?

① 술과 술을 섞어서 두 가지 향의 배합으로 색다른 맛을 얻을 수 있다.
② 술과 소프트 드링크 혼합으로 좀 더 부드럽게 마실 수 있다.
③ 술과 기타 부재료를 가미하여 좀 더 독특한 맛과 향을 창출해 낼 수 있다.
④ 원가를 줄여서 이익을 극대화 할 수 있다.

> note ④ 원가를 줄여서 이익을 극대화하는 것은 조주를 하는 목적과 거리가 멀다.

2 주장 운영 관리

1 빈(bin)이 의미하는 것으로 가장 적합한 것은?
① 프랑스산 적포도주
② 주류 저장소에 술병을 넣어 놓는 장소
③ 칵테일 조주 시 가장 기본이 되는 주재료
④ 글라스를 세척하여 담아 놓는 기구

note ② 빈(bin)은 주류 저장소에 술병을 넣어 놓는 장소를 말한다.

2 store room에서 쓰이는 bin card의 용도는?
① 품목별 불출입 재고 기록
② 품목별 상품특성 및 용도기록
③ 품목별 수입가와 판매가 기록
④ 품목별 생산지와 빈티지 기록

note ① 품목별카드(Bin Card)는 음료 입고와 출고에 따른 재고 기록카드이다.

3 프론트 바(Front Bar)에 대한 설명으로 옳은 것은?
① 주문과 서브가 이루어지는 장소로서 일반적으로 폭 40cm, 높이 120cm가 표준이다.
② 술과 전을 전시하는 기능을 갖고 있다.
③ 술을 저장하는 창고이다.
④ 주문과 서브가 이루어지는 장소로서 일반적으로 폭 80cm, 높이 150cm가 표준이다.

note ① 프론트 바는 손님이 주문을 하고 술을 제공받는 손님들의 이용 장소이다.

Answer
7.④ 8.④ 9.① 10.④ / 1.② 2.① 3.①

4 바 카운터의 요건으로 가장 거리가 먼 것은?

① 카운터의 높이는 1~1.5m 정도가 적당하며 너무 높아서는 안 된다.
② 카운터는 넓을수록 좋다.
③ 작업대(Working board)는 카운터 뒤에 수평으로 부착시켜야 한다.
④ 카운터 표면은 잘 닦여지는 재료로 되어 있어야 한다.

　note　② 주장 규모에 맞는 크기가 적당하다.

5 다음 중 바텐더의 직무가 아닌 것은?

① 글라스류 및 칵테일용 기물을 세척·정돈한다.
② 바텐더는 여러 가지 종류의 와인에 대하여 충분한 지식을 가지고 서비스를 한다.
③ 고객이 바 카운터에 있을 때는 바텐더는 항상 서서 있어야 한다.
④ 호텔 내외에서 거행되는 파티를 돕는다.

　note　③은 해당하지 않는다.

6 주장관리에서 Inventory의 의미는? (2013년 3회)

① 구매 관리　　　　　② 재고 관리
③ 검수 관리　　　　　④ 판매 관리

　note　② Inventory는 재고 관리를 의미한다.

7 칵테일 레시피(Recipe)를 보고 알 수 없는 것은?

① 칵테일의 색깔　　　② 칵테일의 분량
③ 칵테일의 성분　　　④ 칵테일의 판매량

　note　④ 칵테일 레시피(Recipe)만으로는 칵테일의 판매량을 알 수 없다.

8 구매된 주류에 대한 저장관리의 원칙에 해당하지 않는 것은?

① 적정온도 유지의 원칙　　② 품목별 분류저장의 원칙
③ 고가위주의 저장원칙　　④ 선입선출의 원칙

　　note ③은 해당하지 않는다.

9 재고 관리상 쓰이는 「F.I.F.O」란 용어의 뜻은?

① 정기구입　　② 선입선출
③ 임의불출　　④ 후입선출

　　note ② F.I.F.O는 선입선출(First-In, First-Out)을 의미한다.

10 저장관리원칙과 가장 거리가 먼 것은?

① 저장위치 표시　　② 분류저장
③ 품질보전　　④ 매상증진

　　note ④ 저장관리원칙에 매상증진은 포함되지 않는다.

11 「Measure Cup」에 대한 설명 중 틀린 것은?

① 각종 주류의 용량을 측정한다.
② 윗 부분은 1oz(30 ㎖)이다.
③ 아랫부분은 1.5oz(45 ㎖)이다.
④ 병마개를 감쌀 때 쓰일 수 있다.

　　note ④ 메저 컵(Measure Cup)은 술의 용량을 재는 기구를 말한다. 작은 쪽은 포니(Pony)라 부르고 30㎖의 용량이며, 큰 쪽은 지거(Jigger)라 부르고 45㎖의 용량이다.

Answer
4.② 5.③ 6.② 7.④ 8.③ 9.② 10.④ 11.④

12 계란, 설탕 등의 부재료가 사용되는 칵테일을 혼합할 때 사용하는 기구는?

① Shaker
② Mixing Glass
③ Strainer
④ Muddler

> note ① Shaker는 칵테일을 만들 때 쓰이는 대표적인 기구로 칵테일 재료와 얼음을 넣고 손으로 흔들어서 섞는 기구이다. 달걀(Egg), 크림(Cream), 설탕(Sugar) 등 잘 섞이지 않는 재료가 들어가는 칵테일 제조 시 사용한다.

13 음료서비스 시 수분흡수를 위해 잔 밑에 놓는 것은?

① coaster
② pourer
③ stopper
④ jigger

> note ① 코스터(coaster)는 컵 밑에 받치는 깔판을 말한다.

14 와인(Wine)을 오픈(Open)할 때 사용하는 기물로 적당한 것은?

① Corkscrew
② White Napkin
③ Ice Tongs
④ Wine Basket

> note ① 코르크스크루는 코르크 마개를 뽑는 기구이다.

15 와인의 병에 침전물이 가라앉았을 때 이 침전물이 글라스에 같이 따라지는 것을 방지하기 위해 사용하는 도구는?

① 와인 바스켓
② 와인 디켄터
③ 와인 버켓
④ 코르크스크류

> note ② 와인병 속에 담긴 와인을 옮겨 붓는 투명한 유리병으로 레드 와인의 침전물을 제거하기 위하여 디캔터 용기에 와인을 따라 옮기는 과정을 디캔팅(Decanting)이라고 한다.

16 Strainer의 설명으로 가장 적합한 것은?

① Mixing Glass와 함께 Stir기법에 사용한다.
② 재료를 저을 때 사용한다.
③ 혼합하기 힘든 재료를 섞을 때 사용한다.
④ 재료의 용량을 측정할 때 사용한다.

> note ① Stir 기법은 Mixing glass에 얼음과 재료를 넣고, Bar spoon으로 저어서 냉각한 후 strainer로 얼음을 걸러 글라스에 따라내는 것이다.

17 음료를 서빙할 때에 일반적으로 사용하는 비품이 아닌 것은? (2012년 4회)

① Napkin   ② Coaster
③ Serving Tray   ④ Bar Spoon

> note ④ 바 스푼(Bar Spoon)은 칵테일 재료와 얼음을 넣고 저어서 섞는 스터 기법에 사용되는 막대로 한쪽 끝은 스푼으로, 다른 한쪽은 포크 모양과 같이 생겼으며 중간에는 나선 모양으로 되어 있다.

18 「Squeezer」에 대한 설명으로 옳은 것은?

① Bar에서 사용하는 Measure-Cup의 일종이다.
② Mixing Glass를 대용할 때 쓴다.
③ Strainer가 없을 때 흔히 사용한다.
④ 과일즙을 낼 때 사용한다.

> note ④ 스퀴저(Squeezer)는 레몬, 오렌지를 짤 때 사용하는 기구이다.

19 다음 중 용량이 가장 작은 글라스는?

① Old Fashioned Glass   ② Highball Glass
③ Cocktail Glass   ④ Shot Glass

Answer
12.① 13.① 14.① 15.② 16.① 17.④ 18.④ 19.④

> note ④ 쇼트 글라스(Shot Glass)는 위스키(Whisky)를 스트레이트(Straight)로 마실 때 사용하여 스트레이트 글라스(Straight Glass)라고도 부르며 표준 크기는 30㎖이다.

20 칵테일 글라스를 잡는 부위로 옳은 것은?

① Rim ② Stem
③ Body ④ Bottom

> note ② 스템은 칵테일 글라스를 손으로 잡는 부분이다.
> ※ 글라스의 구조
> • 립(Lip) : 입술이 닿는 부분
> • 보울(Bowl) : 잔의 몸통 부분
> • 스템(Stem) : 손으로 잡는 부분
> • 베이스(base) : 잔의 받침 부분

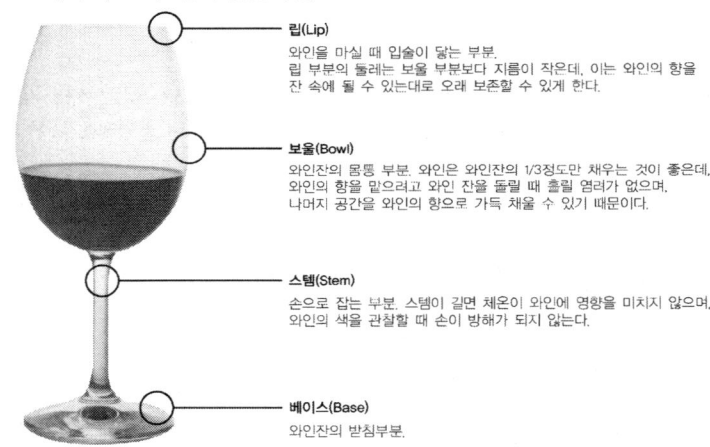

21 믹싱 글라스(Mixing Glass)에서 제조된 칵테일을 잔에 따를 때 사용하는 기물은?

① Measure Cup ② Bottle Holder
③ strainer ④ Ice Bucket

> note ③ 여과기(strainer)는 믹싱 글라스(Mixing Glass)에서 제조된 칵테일을 글라스에 따를 때 얼음이 흘러나오지 않도록 막아주는 역할을 하는 기구이다.

22 칵테일 주조 시 각종 주류와 부재료를 재는 표준용량 계량기는?

① Hand shaker ② Mixing Glass
③ Squeezer ④ Jigger

> note ④ 지거(jigger)는 장구 모양을 한 형태로 칵테일을 만들 때 용량을 재는 기구로서 보통 30㎖, 45㎖를 잴 수 있다.

23 와인의 빈티지(Vintage)가 의미하는 것은?

① 포도주의 판매 유효연도 ② 포도의 수확연도
③ 포도의 품종 ④ 포도주의 도수

> note ② 와인의 빈티지(Vintage)는 포도의 수확연도를 의미한다.
> ※ 수확연도 표시 유무에 의한 분류
> • 빈티지 와인(Vintage Wine) : 수확연도를 표시한 와인
> • 넌 빈티지 와인(None Vintage Wine) : 포도의 수확연도를 표시하지 않은 와인

24 다음 중 휘젓기(Stirring) 기법으로 만드는 칵테일이 아닌 것은?

① Manhattan ② Martini
③ Gibson ④ Gimlet

> note ④ 김렛(Gimlet)은 셰이크 기법으로 만든다.

25 바(Bar)에서 사용하는 Wine Decanter의 용도는? (2012년 2회)

① 테이블용 얼음 용기
② 포도주를 제공하는 유리병
③ 펀치를 만들 때 사용하는 화채 그릇
④ 포도주병 하나를 눕혀 놓을 수 있는 바구니

> note ② 와인 디캔터(Wine Decanter)란 포도주를 제공하는 유리용기를 말한다.

Answer
20.② 21.③ 22.④ 23.② 24.④ 25.②

26 1 Jigger에 대한 설명으로 틀린 것은?

① 1 Jigger는 45㎖이다.
② 1 Jigger는 1.5 once이다.
③ 1 Jigger는 1 gallon이다.
④ 1 Jigger는 칵테일 제조 시 많이 사용된다.

> note ③ 지거(Jigger)는 장구와 흡사하게 생긴 금속성 글라스로 두 개의 컵이 마주 붙어 있는 모양을 하고 있으며, 30㎖(1oz), 45㎖(1.5oz) 용량 표시 계량컵이 사용된다.

27 다음 중 셰이커(shaker)를 사용하여야 하는 칵테일은?

① 브랜디 알렉산더(Brandy Alexander)
② 드라이 마티니(Dry Martini)
③ 올드 패션드(Old fashioned)
④ 크렘 드 망뜨 프라페(Creme de menthe frappe)

> note ① 브랜디 알렉산더(Brandy Alexander)는 크림과 브랜디와 초콜릿 리큐어를 넣은 술로 셰이크 기법으로 만든다.

28 다음 중 주장 관리의 의의에 해당되지 않는 것은?

① 원가관리
② 매상관리
③ 재고관리
④ 예약관리

> note ④ 주장(Bar)의 운영 관리에는 크게 메뉴관리, 구매관리, 검수관리, 저장과 출고관리, 원가관리, 판매관리로 구분한다.

29 주장(bar)의 핵심점검표 사항 중 영업에 관련한 법규상의 문제와 관계가 가장 먼 것은?

① 소방 및 방화사항
② 예산집행에 관한 사항
③ 면허 및 허가사항
④ 위생 점검 필요사항

> note ② 주장(bar)의 핵심점검표에는 예산집행에 관한 사항은 포함되지 않는다.

30 주장의 시설에 대한 설명으로 잘못된 것은?

① 주장은 크게 프런트 바(front bar), 백 바(back bar), 언더 바(under bar)로 구분된다.
② 프런트 바(front bar)는 바텐더와 고객이 마주보고 서브하고 서빙을 받는 바를 말한다.
③ 백 바(back bar)는 칵테일용으로 쓰이는 술의 저장 및 전시를 위한 공간이다.
④ 언더 바(under bar)는 바텐더 허리 아래의 공간으로 휴지통이나 빈병 등을 둔다.

  note ④ 언더 바는 조주원들의 작업을 하기 위한 작업공간이다.

31 영업을 폐점하고 남은 물량을 품목별로 재고 조사하는 것을 무엇이라 하는가? (2013년 3회)

① daily issue ② inventory management
③ par stock ④ FIFO

  note ② 재고관리는 물자 재고의 최적보유량을 계획, 조정, 통제하는 일을 말한다.

32 cork screw의 사용 용도는?

① 잔 받침대 ② 와인 보관용 그릇
③ 와인의 병마개용 ④ 와인의 병마개 오픈용

  note ④ 코르크스크루(cork screw)는 포도주 병 따위의 코르크 마개를 뽑기 위한 도구이다.

33 식재료가 소량이면서 고가인 경우나 희귀한 아이템의 경우에 검수 하는 방법은?

① 발췌 검수법 ② 전수 검수법
③ 송장 검수법 ④ 서명 검수법

  note ② 식재료가 소량이면서 고가인 경우 전부 확인하는 전수 검수방법이 현명하다.

Answer
26.③ 27.① 28.④ 29.② 30.④ 31.② 32.④ 33.②

34 구매관리 업무와 가장 거리가 먼 것은?

① 납기관리　　　　　　　② 우량 납품업체 선정
③ 시장조사　　　　　　　④ 음료상품 판매촉진 기획

　　note　④ 판매촉진 기획은 마케팅의 과정이다.

35 바(Bar)의 기구가 아닌 것은?

① 믹싱 셰이커(Mixing Shaker)
② 레몬 스퀴저(Lemon Squeezer)
③ 바 스트레이너(Bar Strainer)
④ 스테이플러(Stapler)

　　note　④ 바에 봉합기(Stapler)는 필요하지 않다.

36 바(Bar)의 업무 효율 향상을 위한 시설물 설치방법으로 옳지 않은 것은?

① 얼음 제빙기는 가능한 바(Bar) 내에 설치한다.
② 바의 수도 시설은 믹싱 스테이션(Mixing Station) 바로 후면에 설치한다.
③ 각 얼음은 아이스 텅(Ice Tongs)에 채워놓고 바(Bar) 작업대 옆에 보관한다.
④ 냉각기(Cooling Cabinet)는 주방 밖에 설치한다.

　　note　③ 아이스 텅(Ice tongs)은 얼음 집게이다.

37 식재료 원가율 계산 방법으로 옳은 것은?

① 기초재고 + 당기매입 − 기말재고
② (식재료 원가/총매출액) × 100
③ 비용 + (순이익/수익)
④ (식재료 원가/월매출액) × 30

　　note　④ 식재료 원가는 (식재료 원가/총매출액) × 100으로 계산한다.

38 Red Wine Decanting에 사용되지 않는 것은?
① Wine Cradle ② Candle
③ Cloth Napkin ④ Snifter

> note ④ 디캔딩은 오래된 와인 안에 생긴 침전물을 제거하고 와인의 맛과 향을 풍부하도록 만들어주는 과정으로 와인 바구니(Wine Cradle), 촛대(Candle)를 이용하여 침전물을 확인하고, 냅킨이 필요하다.

39 Muddler에 대한 설명으로 옳은 것은?
① 설탕이나 장식과일 등을 으깨거나 혼합할 때 사용한다.
② 칵테일 장식에 체리나 올리브 등을 찔러 장식할 때 사용한다.
③ 규모가 큰 얼음덩어리를 잘게 부술 때 사용한다.
④ 술의 용량을 측정할 때 사용한다.

> note ① 머들러(muddler)는 설탕이나 장식과일 등을 으깨거나 혼합할 때 사용하는 막대이다.

40 물품검수 시 주문내용과 차이가 발견될 때 반품하기 위하여 작성하는 서류는?
① 송장(invoice)
② 견적서(price quotation sheet)
③ 크레디트 메모(Credit memorandum)
④ 검수보고서(receiving sheet)

> note ③ 크레디트 메모(Credit memorandum)는 검수과정에서 거래약정기준과 차이가 발견되었을 경우 이를 시인시켜 차후의 신용유지를 관리할 목적으로 작성한다.

Answer
34.④ 35.④ 36.③ 37.② 38.④ 39.① 40.③

41 고객에게 음료를 제공할 때 반드시 필요하지 않은 비품은?

① Cocktail Napkin
② Can Opener
③ Muddler
④ Coaster

note ② 일반적으로 음료 제공시 넥타나 주스 등이 들어있는 깡통을 딸 때 사용하는 캔 오프너는 제공하지 않는다.

42 다음 음료 중 냉장 보관이 필요 없는 것은?

① White Wine
② Dry Sherry
③ Beer
④ Brandy

note ④ 브랜디의 경우 와인과 달리 냉장 보관할 필요가 없다.

43 칵테일 글라스(Cocktail Glass)의 3대 명칭이 아닌 것은?

① 베이스(Base)
② 스템(Stem)
③ 보울(Bowl)
④ 캡(Cap)

note ④ 칵테일 글라스는 베이스, 스템, 보울로 구성되어 있다.

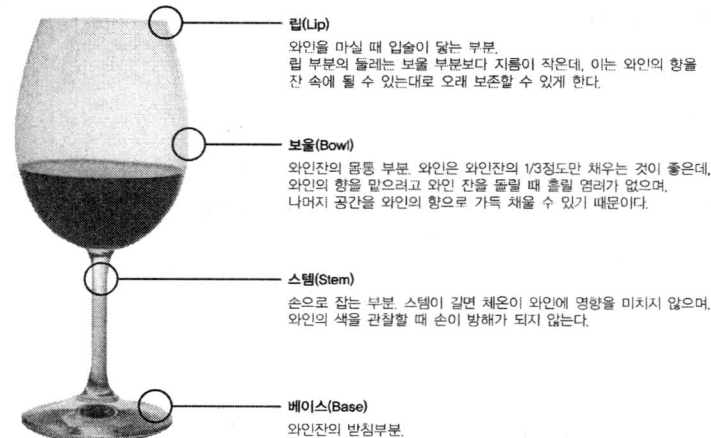

44 일과 업무 시작 전에 바(bar)에서 판매 가능한 양만큼 준비해 두는 각종의 재료를 무엇이라고 하는가?

① Bar Stock　　　　　　② Par Stock
③ Pre-Product　　　　　 ④ Ordering Product

> note ② par stock은 저장되어 있는 적정 재고량을 말한다.

45 칵테일을 제조할 때 계란, 설탕, 크림(cream) 등의 재료가 들어가는 칵테일을 혼합할 때 사용하는 기구는? (2011년 2회)

① Shaker　　　　　　　② Mixing Glass
③ Jigger　　　　　　　 ④ Strainer

> note ① 셰이커는 혼성음료를 섞을 때 사용하는 기구이며 잘 섞이게 하고 동시에 내용물을 제거하는 것으로 스테인리스로 만든 것이 대부분이다.

46 와인병을 눕혀서 보관하는 이유로 가장 적합한 것은?

① 숙성이 잘되게 하기 위해서
② 침전물을 분리하기 위해서
③ 맛과 멋을 내기 위해서
④ 색과 향이 변질되는 것을 방지하기 위해서

> note ④ 코르크의 미세한 틈새로 공기가 투입되면 와인이 산화되어 색과 향이 변질될 수 있기 때문에 항상 코르크 마개가 젖어 있도록 눕혀서 보관한다.

Answer
41.② 42.④ 43.④ 44.② 45.① 46.④

47 칵테일 기구에 해당하지 않는 것은?

① Butter Bowl
② Muddler
③ Strainer
④ Bar Spoon

> note ① Butter Bowl은 해당하지 않는다.
> ② Muddler는 (음료를) 휘젓는 막대이다.
> ③ 여과기를 말한다.
> ④ 바스푼은 칵테일 재료를 휘저을 때 사용되며 한쪽은 포크로 되어 있어 레몬 등을 찍을 때 이용한다.

48 얼음을 다루는 기구에 대한 설명으로 틀린 것은?

① Ice Pick - 얼음을 깰 때 사용하는 기구
② Ice Scooper - 얼음을 떠내는 기구
③ Ice Crusher - 얼음을 가는 기구
④ Ice Tong - 얼음을 보관하는 기구

> note ④ 얼음을 집기 위한 기구이다.

49 메뉴 구성 시 산지, 빈티지, 가격 등이 포함되어야 하는 주류와 가장 거리가 먼 것은?

① 와인
② 칵테일
③ 위스키
④ 브랜디

> note ② 칵테일은 특성상 여러 종류의 양주를 베이스로 하여 각종 향료와 기타 과일 등을 혼합하여 만든 혼합주로 산지, 빈티지, 가격 등을 표시하기 어렵다.

50 1 온스(oz)는 몇 ㎖인가? (2013년 3회)

① 10.5㎖

② 20.5㎖

③ 29.5㎖

④ 40.5㎖

> note ③ 1 oz = 28.3495g = 29.5㎖

51 바카디 칵테일(Bacardi Cocktail)용 글라스는?

① 올드 패션드(Old Fashioned) 글라스

② 스템 칵테일(Stemmed Cocktail) 글라스

③ 필스너(Pilsner) 글라스

④ 고블렛(Goblet) 글라스

> note ② 목이 긴 글라스(Stemmed Glass)에 따른다.

52 Fizz류의 칵테일 조주 시 일반적으로 사용되는 것은?

① shaker

② mixing glass

③ pitcher

④ stirring rod

> note ① Fizz란 소다수 등의 탄산음료 뚜껑을 열 때 생기는 소리 의성어로 거품이 이는 음료를 가리키며, 주로 셰이커를 사용한다.

53 다음 중 용량에 있어 다른 단위와 차이가 가장 큰 것은?

① 1 Pony
② 1 Jigger
③ 1 Shot
④ 1 Ounce

> note ② 칵테일을 만들 때 용량을 재는 기구로서 작은 부분은 포니(Pony), 큰 부분은 지거(Jigger)라고 하며 포니는 30㎖, 지거는 45㎖ 용량이 대다수이다.
> ① pony는 30㎖를 계량하는 양을 뜻한다.
> ③ Shot는 "한 잔"을 뜻하며, 음료용어로 술의 단위인 "Ounce"로 나타낸다.
> ④ Ounce는 중량 또는 액량을 나타내는 단위로 29.5 ㎖와 같다.
> ※ 지거(jigger)

54 칵테일의 기법 중 stirring을 필요로 하는 경우와 가장 관계가 먼 것은?

① 섞는 술의 비중의 차이가 큰 경우
② Shaking하면 만들어진 칵테일이 탁해질 것 같은 경우
③ Shaking하는 것보다 독특한 맛을 얻고자 할 경우
④ Cocktail의 맛과 향이 없어질 우려가 있을 경우

> note ① 스터링(stirring)은 칵테일 제조방법 가운데 한 가지로 유리제품인 Mixing Glass에 얼음과 술을 넣고 바 스푼(Bar Spoon)으로 재빨리 조제하는 방식이다. 보통 Shake하면 향이 없어지거나 불투명하고 묽어질 염려가 있을 때 사용한다.

3 식품위생 및 관련 법규

1 위생적인 주류 취급방법으로 틀린 것은?

① 먼지가 많은 양주는 깨끗이 닦아 Setting한다.
② 백포도주 적정 냉각 온도는 실온이다.
③ 사용한 주류는 항상 뚜껑을 닫아 둔다.
④ 창고에 보관할 때는 Bin Card를 작성한다.

> note ② 화이트 와인의 적정 온도는 12~14℃ 정도이며 적정 시음 온도는 5~10℃정도로 차게 해서 마시는 것이 좋다.

2 다음 중 백포도주의 보관온도로 가장 적합한 것은?

① 14~18℃   ② 12~14℃
③ 19~22℃   ④ 5~6℃

> note ② 화이트 와인은 차가운 것일수록 상큼한 맛이 그대로 남아 있어 상쾌한 맛을 느낄 수 있다. 단맛의 백포도주일수록 낮은 온도의 것이 맛있게 느껴진다. 적당한 온도는 12~14℃이다.

3 음료 저장 방법에 관한 설명으로 옳지 않은 것은?

① 포도주병은 눕혀서 코르크 마개가 항상 젖어 있도록 저장한다.
② 살균된 맥주는 출고 후 약 3개월 정도는 실온에서 저장할 수 있다.
③ 적포도주는 미리 냉장고에 저장하여 충분히 냉각시킨 후 바로 제공한다.
④ 양조주는 선입선출법에 의해 저장·관리한다.

> note ③ 레드 와인은 일반적으로 상온(섭씨 18~20도)에서 제 맛이 나며, 화이트 와인은 10도 정도로 차게 해서 마셔야 제 맛이 난다.

Answer
53.② 54.① / 1.② 2.② 3.③

4 바텐더의 영업 개시 전 준비사항이 아닌 것은?

① 모든 부재료를 점검한다.
② White wine을 상온에 보관하고 판매한다.
③ Juice 종류는 다양한지 확인한다.
④ 칵테일 냅킨과 코스터를 준비한다.

> note ② 화이트 와인은 상온에 보관하지 않는다.

5 Wine 저장에 관한 내용 중 적절하지 않은 것은?

① White Wine은 냉장고에 보관하되 그 품목에 맞는 온도를 유지해 준다.
② Red Wine은 상온 Cellar에 보관하되 그 품목에 맞는 적정온도를 유지해 준다.
③ Wine을 보관하면서 정기적으로 이동 보관한다.
④ Wine 보관 장소는 햇볕이 잘 들지 않고 통풍이 잘되는 곳에 보관하는 것이 좋다.

> note ③ 와인을 보관하는데 가장 중요한 요소는 온도와 자외선 그리고 진동으로, 와인의 잦은 이동이나 흔들림은 좋지 않다.

6 맥주의 보관·유통 시 주의할 사항이 아닌 것은? (2012년 3회)

① 심한 진동을 가하지 않는다.
② 너무 차게 하지 않는다.
③ 햇볕에 노출시키지 않는다.
④ 장기 보관 시 맥주와 공기가 접촉되게 한다.

> note ④ 맥주가 산소와 접촉하면 시간이 경과함에 따라 맥주성분 중의 일부분이 산화되어 맥주에 나쁜 향이 발생한다.

7 음료저장관리 방법 중 FIFO의 원칙을 적용하기에 가장 적합한 술은?

① 위스키   ② 맥주
③ 브랜디   ④ 진

🍃note ② 맥주는 보관방법에 따라 유효기간이 정해져 있으므로 선입선출의 원칙이 적용되어야 한다.

8 칵테일 조주 시 사용되는 다음 방법 중 가장 위생적인 방법은?

① 손으로 얼음을 Glass에 담는다.
② Glass 윗부분(Rine)을 손으로 잡아 움직인다.
③ Garnish는 깨끗한 손으로 Glass에 Setting 한다.
④ 유효기간이 지난 칵테일 부재료를 사용한다.

🍃note ③ 장식(Garnish)의 경우 깨끗한 손으로 글라스에 올리도록 한다.

9 다음은 주세법상 주류에 대한 설명이다. ㉠, ㉡에 들어갈 달로 알맞게 연결된 것은?

> 알코올분 (㉠)도 이상의 음료를 말한다. 단, 약사법에 따른 의약품으로서 알코올분이 (㉡)도 미만의 것을 제외한다.

① ㉠ - 1%, ㉡ - 6%   ② ㉠ - 2%, ㉡ - 4%
③ ㉠ - 1%, ㉡ - 3%   ④ ㉠ - 2%, ㉡ - 5%

🍃note ① 알코올분 1도 이상의 음료를 말한다. 다만, 용해하여 음료로 할 수 있는 가루 상태인 것을 포함하되, 「약사법」에 따른 의약품으로서 알코올분이 6도 미만인 것은 제외한다(주세법 제3조 제1호 나목).

Answer
4.② 5.③ 6.④ 7.② 8.③ 9.①

10 알코올 농도의 정의는?

① 섭씨 4℃에서 전체용량 100분 중에 포함되어 있는 알코올분의 용량
② 섭씨 15℃에서 전체용량 100분 중에 포함되어 있는 알코올분의 용량
③ 섭씨 4℃에서 전체용량 100분 중에 포함되어 있는 알코올분의 질량
④ 섭씨 20℃에서 전체용량 100분 중에 포함되어 있는 알코올분의 용량

> note ② 알코올분의 도수는 섭씨 15도에서 전체용량 100분 중에 포함되어 있는 알코올분의 용량으로 한다(주세법 제5조 제1항).

11 주장의 영업 허가가 되는 근거 법률은?

① 외식업법　　　　　② 음식업법
③ 식품위생법　　　　④ 주세법

> note ③ 식품위생법 시행령 제21조

12 다음 식품위생법상의 식품접객업의 내용으로 틀린 것은?

① 휴게음식점 영업은 주로 빵과 떡 그리고 과자와 아이스크림류 등 과자점 영업을 포함한다.
② 일반음식점 영업은 음식류만 조리 판매가 허용되는 영업을 말한다.
③ 단란주점영업은 유흥종사자는 둘 수 없으나 모든 주류의 판매 허용과 손님이 노래를 부르는 행위가 허용되는 영업이다.
④ 유흥주점영업은 유흥종사자를 두거나 손님이 노래를 부르거나 춤을 추는 행위가 허용되는 영업입니다.

> note ② 식품위생법상 일반음식점영업은 음식류를 조리·판매하는 영업으로서 식사와 함께 부수적으로 음주행위가 허용되는 영업을 말한다〈시행령 제21조〉.

④ 고객 서비스

1 바텐더의 준수 규칙이 아닌 것은?

① 칵테일은 수시로 본인 아이디어로 조주한다.
② 취객을 상대할 땐 참을성과 융통성을 발휘한다.
③ 주문에 의하여 신속, 정확하게 제공한다.
④ 조주할 때에는 사용하는 재료의 상표가 고객을 향하도록 한다.

> **note** ① 칵테일은 표준 레시피(standard recipe)를 준수하도록 한다.

2 바텐더가 지켜야 할 사항이 아닌 것은?

① 항상 고객의 입장에서 근무하여 고객을 공평히 대할 것
② 업장에 손님이 없을 시에도 서비스 자세를 바르게 유지할 것
③ 고객의 취향에 맞추어 서비스 할 것
④ 고객끼리 대화를 할 경우 적극적으로 대화에 참여할 것

> **note** ④ 바텐더는 고객끼리 대화를 할 경우 적극적으로 대화에 참여해서는 안 된다.

3 바텐더가 지켜야 할 규칙사항으로 가장 적합한 것은? (2014년 4회)

① 고객이 바 카운터에 있으면 앉아서 대기해야 한다.
② 고객이 권하는 술은 고마움을 표시하고 받아 마신다.
③ 매출을 위해서 고객에게 고가의 술을 강요한다.
④ 근무 중에는 금주와 금연을 원칙으로 한다.

> **note** ④ 근무 중에는 금주와 금연을 하지 않는다.

Answer
10.② 11.③ 12.② / 1.① 2.④ 3.④

4 바텐더의 자세로 가장 바람직하지 못한 것은?

① 영업 전 후 Inventory 정리를 한다.
② 유통기한을 수시로 체크한다.
③ 손님과의 대화를 위해 뉴스, 신문 등을 자주 본다.
④ 고가의 상품 판매를 위해 손님에게 추천한다.

> note ④ 고가의 상품을 판매하기 위해 손님에게 추천하지 않는다.

5 와인 Tasting 방법으로 옳은 것은?

① 와인을 오픈한 후 공기와 접촉되는 시간을 최소화하여 바로 따른 후 마신다.
② 와인에 얼음을 넣어 냉각시킨 후 마신다.
③ 와인잔을 흔든 뒤 아로마나 부케의 향을 맡는다.
④ 검은 종이를 테이블에 깔아 투명도 및 색을 확인한다.

> note ③ Aroma는 불어로 향기라 하며, 포도의 원산지에 따라 맡을 수 있는 와인의 첫 냄새 혹은 향기를 가리킨다. 부케(Bouquet)는 와인의 제조과정이나 숙성방식에 따른 향기를 의미하며, 와인 테스팅 시에는 글라스를 돌리면서 향기를 확인한다.

6 다음 중 얼음의 사용방법으로 부적당한 것은?

① 칵테일과 얼음은 밀접한 관계가 성립된다.
② 칵테일에 많이 사용되는 것은 각얼음(Cubed ice)이다.
③ 재사용할 수 있고 얼음 속에 공기가 들어있는 것이 좋다.
④ 투명하고 단단한 얼음이어야 한다.

> note ③ 얼음 칵테일용으로 사용되는 얼음은 얼음 속에 공기가 들어가 있지 않고, 냄새가 없고 투명해야 하며, 물에 잘 녹지 않는 단단한 얼음이어야 한다.

7 조주 방법 중 Stirring에 대한 설명으로 옳은 것은?

① 칵테일을 차게 만들기 위해 믹싱 글라스에 얼음을 넣고 바 스푼으로 휘저어 만드는 것
② Shaking으로는 얻을 수 없는 설탕을 첨가한 차가운 칵테일을 만드는 방법
③ 칵테일을 완성시킨 후 향기를 가미 시킨 것
④ 글라스에 직접 재료를 넣어 만드는 방법

> note ① 믹싱 글라스(Mixing Glass)에 칵테일 재료와 얼음을 넣고 바 스푼(Bar Spoon)으로 저어서 섞는 것을 말한다.

8 스파클링 와인(Sparkling Wine) 서비스 방법으로 틀린 것은?

① 병을 천천히 돌리면서 천천히 코르크가 빠지게 한다.
② 반드시 '뻥' 하는 소리가 나게 신경 써서 개봉한다.
③ 상표가 보이게 하여 테이블에 놓여있는 글라스에 천천히 넘치지 않게 따른다.
④ 오랫동안 거품을 간직할 수 있는 플루트(Flute)형 잔에 따른다.

> note ② 발포성 와인(Sparkling Wine)은 8~14%의 알코올과 탄산가스를 함유한 와인으로 거품이 넘치지 않도록 조심스럽게 따서 잔에 부을 때 넘치지 않도록 따르도록 한다.

9 호텔에서 호텔홍보, 판매촉진 등 특별한 접대목적으로 일부를 무료로 제공하는 것은?

① Complaint
② Complimentary Service
③ F/O Cashier
④ Out of Order

> note ② 무료 서비스(complimentary service)를 의미한다.

Answer
4.④ 5.③ 6.③ 7.① 8.② 9.②

10 주장(bar) 경영에서 의미하는 "happy hour"를 올바르게 설명한 것은?

① 가격할인 판매시간
② 연말연시 축하 이벤트 시간
③ 주말의 특별행사 시간
④ 단골고객 사은 행사

> note ① 칵테일 바나 펍(Pub) 등에서 고객이 붐비지 않은 시간대(오후 4시에서 6시 사이)에 저렴한 가격이나 무료로 음료 및 스낵 등을 제공하는 가격할인 판매시간을 "happy hour"라 한다.

11 다음 중 올바른 음주방법과 가장 거리가 먼 것은?

① 술 마시기 전에 음식을 먹어서 공복을 피한다.
② 본인의 적정 음주량을 초과하지 않는다.
③ 먼저 알코올 도수가 높은 술부터 낮은 술로 마신다.
④ 술을 마실 때 가능한 천천히 그리고 조금씩 마신다.

> note ③ 술은 다른 종류끼리 섞어 마시지 않도록 하며 부득이 섞어 마실때는 약한 술로 시작해서 강한 술로 끝내야 한다.
>
> ※ **바람직한 음주습관**
> - 반드시 안주를 함께 먹는다.
> - 단백질이 풍부한 식품을 먹는다.
> - 천천히 마신다.
> - 독한 술은 희석해서 마신다.
> - 울분을 풀기 위해서나 극도의 불안상태에서는 마시지 않는다.
> - 술은 다른 종류끼리 섞어 마시지 않도록 하며 부득이 섞어 마실때는 약한 술로 시작해서 강한 술로 끝내야 한다.
> - 담배를 피우면서 마시지 않는다.
> - 해장술은 몸에 이중으로 해로움을 주기 때문에 피한다.

12 Floating의 방법으로 글라스에 직접 제공하여야 할 칵테일은? (2013년 1회)

① Highball
② Gin fizz
③ Pousse cafe
④ Flip

> note ③ 푸스 카페(Pousse Cafe)는 술의 비중을 이용하여 리큐르, 증류주, 시럽 등을 푸스 카페 글라스에 층층이 쌓아서 만드는 것으로 층 쌓는 기법인 플로팅(Floating)이나 레이어링(Layering) 등의 방식이 적합하다.

13 다음 중 네그로니(Negroni) 칵테일의 재료가 아닌 것은?

① Dry Gin
② Campari
③ Sweet Vermouth
④ Flip

> note ④ 네그로니(Negroni)는 드라이 진, 캄파리, 스위트 베르무트를 넣어 만든 칵테일이다.

14 Cognac의 등급 표시가 아닌 것은?

① V.S.O.P
② Napoleon
③ Blended
④ Vieux

> note ③ 코냑은 브랜디의 일종으로 VSOP, Napoleon, Extra, Vieux, Vieille Réserve 등으로 등급을 표시한다.

15 Brandy Base Cocktail이 아닌 것은?

① Gibson
② B&B
③ Sidecar
④ Stinger

> note ① 깁슨(Gibson)은 진 베이스의 칵테일이다.

16 다음 주류 중 알콜 도수가 가장 약한 것은?

① 진(Gin)
② 위스키(Whisky)
③ 브랜디(Brandy)
④ 슬로우진(Sloe Gin)

> note ④ 슬로우 진은 야생 자두를 주향료로 써서 만든 알코올 음료로 알콜 도수가 30~35도 정도이다.
> ①②③ 진, 보드카, 럼, 테킬라, 브랜디, 위스키의 도수는 대략 40도 정도이다.

Answer 10.① 11.③ 12.③ 13.④ 14.③ 15.① 16.④

17 Honeymoon 칵테일에 필요한 재료는?

① Apple Brandy ② Dry Gin
③ Old Tom Gin ④ Vodka

> note ① 허니문 칵테일은 애플 브랜디, 베네딕티누, 레몬 주스, 오렌지 큐라소 등으로 넣어 만든다.

18 칵테일 용어 중 트위스트(Twist)란?

① 칵테일 내용물이 춤을 추듯 움직임
② 과육을 제거하고 껍질만 짜서 넣음
③ 주류 용량을 잴 때 사용하는 기물
④ 칵테일의 2온스 단위

> note ② 트위스트는 레몬이나 오렌지를 칵테일에 장식하기 위하여 과육을 제거하고 껍질만 짜서 넣는 것을 말한다.

19 싱가포르 슬링(Singapore Sling) 칵테일의 장식으로 알맞은 것은?

① 시즌 과일(season fruits) ② 올리브(olive)
③ 필 어니언(peel onion) ④ 계피(cinnamon)

> note ① 싱가포르 슬링(Singapore Sling)은 진 베이스의 칵테일로 시즌과일로 장식을 한다.

20 와인을 주재료(wine base)로 한 칵테일이 아닌 것은?

① 키어(Kir) ② 블루 하와이(Blue hawaii)
③ 스프리처(Sprizer) ④ 미모사(Mimosa)

> note ② 블루 하와이는 럼을 베이스로 사용한 칵테일이다.

21 칵테일 부재료 중 spice류에 해당되지 않는 것은? (2015년 2회)

① Grenadine syrup ② Mint
③ Nutmeg ④ Cinnamon

> note ① 칵테일에 첨가되는 향신료(spice)는 민트, 육두구(Nutmeg), 계피(Cinnamon) 등이 있다.

22 주로 추운 계절에 추위를 녹이기 위하여 외출이나 등산 후에 따뜻하게 마시는 칵테일로 가장 거리가 먼 것은?

① Irish Coffee ② Tropical Cockail
③ Rum Grog ④ Vin Chaud

> note ② 트로피컬 칵테일은 열대과일 맛을 내는 칵테일로 추운 계절에 추위를 녹이기 위한 용도로 먹지 않는다.

23 칵테일을 만드는 기법으로 적당하지 않은 것은?

① 띄우기(floating) ② 휘젓기(stirring)
③ 흔들기(shaking) ④ 거르기(filtering)

> note ④ 칵테일의 기법으로 거르기는 사용하지 않는다.

24 Hot drinks cocktail이 아닌 것은?

① God Father ② Irish Coffee
③ Jamaica Coffee ④ Tom and Jerry

> note ①은 위스키를 베이스로 하고 올드 패션 글라스에 스카치 위스키와 아마레토를 넣은 다음 얼음을 넣고 저어서 만든다.

Answer
17.① 18.② 19.① 20.② 21.① 22.② 23.④ 24.①

25 위스키가 기주로 쓰이지 않는 칵테일은?

① 뉴욕(New York)
② 로브 로이(Rob Roy)
③ 맨하탄(Manhattan)
④ 블랙 러시안(Black Russian)

> note ④ 블랙 러시안(Black Russian)은 보드카에 커피 리큐어를 넣어 만든 칵테일이다.

26 표준 레시피(Standard Recipes)를 설정하는 목적에 대한 설명 중 틀린 것은?

① 품질과 맛의 계속적인 유지
② 특정인에 대한 의존도를 높임
③ 표준 조주법 이용으로 노무비 절감에 기여
④ 원가계산을 위한 기초 제공

> note ② 표준 레시피를 설정하면 일관성 있게 맛과 향미를 낼 수 있다.

27 Onion 장식을 하는 칵테일은?

① Margarita
② Martini
③ Rob roy
④ Gibson

> note ④ 깁슨(gibson)은 진 베이스의 칵테일로 어니언(onion)을 칵테일 핀에 꽂아서 장식한다.

28 칵테일의 기본 5대 요소와 거리가 가장 먼 것은?

① Decoration(장식)
② Method(방법)
③ Glass(잔)
④ Flavor(향)

> note ② 칵테일의 기본 5 요소는 맛, 향, 색, 장식, 글라스이다.

29 다음 중 High ball glass를 사용하는 칵테일은?

① 마가리타(Margarita)
② 키르 로열(Kir Royal)
③ 씨 브리즈(Sea breeze)
④ 블루 하와이(Blue Hawaii)

> note ③ 씨 브리즈는 진(Gin)을 베이스로 크랜베리 주스와 자몽 주스 대신 석류 시럽을 혼합하여 만들며, 하이 볼 글라스를 사용한다.

30 뜨거운 물 또는 차가운 물에 설탕과 술을 넣어서 만든 칵테일은? (2012년 3회)

① toddy
② punch
③ sour
④ sling

> note ① 토디(toddy)는 독한 술에 설탕과 뜨거운 물을 넣고 때로는 향신료도 넣어 만든다.

31 생맥주(Draft Beer) 취급요령 중 틀린 것은?

① 2~3℃의 온도를 유지할 수 있는 저장시설을 갖추어야한다.
② 술통 속의 압력은 12~14 pound로 일정하게 유지해야한다.
③ 신선도를 유지하기 위해 입고 순서와 관계없이 좋은 상태의 것을 먼저 사용한다.
④ 글라스에 서비스할 때 3~4℃정도의 온도가 유지 되어야 한다.

> note ③ 생맥주는 오래 저장하면 맛이 변질되므로 선입선출(First In First Out) 원칙을 지킨다.

Answer
25.④ 26.② 27.④ 28.② 29.③ 30.① 31.③

32 싱가폴 슬링(Singapore Sling) 칵테일의 재료로 적합하지 않은 것은?

① 드라이 진(Dry Gin)
② 체리브랜디(Cherry-Flavored Brandy)
③ 레몬쥬스(Lemon Juice)
④ 토닉워터(Tonic Water)

> note ④ 토닉워터가 아니라 소다수(soda water)를 넣는다. 싱가폴 슬링은 드라이 진, 체리 브랜디, 레몬 주스, 설탕시럽, 소다수가 들어간다.

33 「Bock Beer」에 대한 설명으로 옳은 것은?

① 알코올도수가 높은 흑맥주
② 알코올도수가 낮은 담색 맥주
③ 이탈리아산 고급 흑맥주
④ 제조 12시간 내의 생맥주

> note ① 보크 비어는 원맥즙의 농도가 16%이상인 짙은 색의 독한 맥주로 향미가 짙고 단맛을 띤 강한 흑맥주이다.

34 A.O.C법의 통제관리 하에 생산되며 노르망디 지방의 잘 숙성된 사과를 발효 증류하여 만든 사과 브랜디는?

① Calvados   ② Grappa
③ Kirsch   ④ Absinthe

> note ① 칼바도스(Calvados)는 프랑스 노르망디지방에서 생산된 사과 브랜디이다.

35 주로 tropical cocktail을 조주할 때 사용하며 "두들겨 으깬다."라는 의미를 가지고 있는 얼음은?

① shaved ice
② crushed ice
③ cubed ice
④ cracked ice

> **note** ② 크러시드 아이스(crushed ice)란 "두들겨 으깬다"라는 의미로 얼음을 타월에 싸서 두들겨 깨어 잘게 부순 얼음을 가리킨다.

Answer
32.④ 33.① 34.① 35.②

Chapter 02 기초영어

① 음료

❂ V.S.O.P
"Very Superior Old Pale"의 약자로 브랜디가 18~25년 묵은 특상급을 표시할 때 사용함

❂ port wine
포르투갈의 북부를 흐르는 두에로(Duero) 강 유역에서 생산되는 주정 강화 포도주로 주로 식후에 먹는 달콤한 와인

❂ Tumbler
굽이나 손잡이가 없는 컵

❂ Jamaica Spice의 주요 재료
Dark Rum, Brandy, Coffee, Honey

❂ 발효와 관련된 단어
- yeast : 효모
- fermentation : 발효
- catalyst : 촉매(제)
- enzyme : 효소

❂ 러스티 네일(Rusty Nail)
위스키에 드란브이를 섞어서 만든 단맛이 나는 칵테일

❂ 베일리스(Bailey's)
Irish Cream과 위스키가 결합된 음료

☼ 셰이커의 구성

Cap, strainer, Body

☼ 아페리티프(Aperitif)

식욕증진제라는 의미의 프랑스 언어로 아페리티프 와인으로 식사 전에 마시는 반주

☼ 그레나딘 시럽(Grenadine syrup)

석류(Pomegranate)에 의해 만들어진 시럽

☼ 진저에일(ginger ale)

생강 풍미가 나는 탄산음료로 생강을 주원료로 향과 설탕이 사용되는 술

☼ 보드카의 특성

- 주 재료 : 감자
- 무색, 무취, 무맛

☼ 큐라소(Curacao)

오렌지 껍질을 이용하여 만든 리큐어

☼ Drambuie

스카치 위스키(Scotch Whisky)를 기주로 하여 꿀로 달게 한 오렌지향의 리큐어

☼ 그랑 마니에르(Grand Marnier)

코냑에 오렌지 향을 가미한 프랑스산 리큐어

☼ 발효(Fermentation)

포도당과 효모균이 상호화학작용에 의해 알콜과 이산화탄소와 열을 만드는 현상

☼ 샤르트뢰즈(Chartreuse)

리큐어의 여왕으로도 불리며, 다양한 허브에 주정과 같이 증류하여 만드는 프랑스의 전통적인 리큐어

☼ 소아베(Soave)
이탈리아의 베로니아산(産)의 쌉쌀한 백포도주

☼ 운드버그(Underberg)
혼합주로 정제주정에 과실, 과즙, 약호 등의 방향성 성분과 감미료 등이 첨가된 약주. 도수는 약 44%이며, 숙취와 소화에 약효임

☼ 유니쿰(unicum)
쓴 맛이 강한 전통주로 40여 가지 헝가리 약초들이 혼합되어 있음

☼ 진(Gin)
네덜란드의 의과대학 교수이자 의사인 실비우스 교수(Franciscus Sylvius)가 연구 끝에 냄새를 제거하여 만든 술

☼ 블러디 메리(Bloody Mary)
보드카에 토마토 주스를 넣어 만든 칵테일

☼ 캄파리(Campari)
이탈리아의 가스파레 캄파리가 만든 리큐어

☼ 그라파(Grappa)
이탈리아 술로 포도 짜는 기계 속의 찌꺼기를 증류한 술

☼ 크림 더 카시스(Creme de Cassis)
적당한 새콤달콤에 향긋 카시스를 재료로 만든 칵테일

☼ 쿠바 리브레(Cuba Libre)
1902년 스페인의 식민지였던 쿠바의 독립운동 당시에 생겨난 "Viva Cuba Libre(자유 쿠바 만세)"라는 데서 유래

☼ 앙고스투라비터(Angostura Bitters)

독일 출신의 군의관 Johann Gottlieb Benjamin Sieger에 의해서 만들어졌으며 중남미 트리니다드 지역에서 생산되는 앙고스트라 나무 껍질의 쓴맛이 나는 액으로 만든 일종의 향료

☼ 말리부(Malibu)

럼(Rum)을 베이스로 한 리큐르(Liqueur)로 코코넛과 당분을 첨가하여 만듦

☼ INAO(Institut Nationale des Appellations d'Origine)

전국원산지명칭협회. 1935년에 설립되었으며 프랑스 와인의 원산지 명칭을 통제하고 관리·승인하는 역할을 함

☼ D.O.C.G(Denominazione di Origine Controllata e Garantita)

1963년 이탈리아 와인법에 의해 D.O.C.G, DOC, IGT, VdT로 등급이 분류되며 D.O.C.G는 최상급의 표시임

☼ 프랑스 농수산부 국립 포도주사무국(ONIVINS)

☼ AOC(Appellation d'Origine Contrôlée)

프랑스 정부가 와인생산지를 규정하고 와인양조 기준 등을 관리하기 위해 만든 명칭

2 주장 관련 영어

☼ 예약 관련

- I'd like a table for two. 두 사람이 앉을 자리를 예약하고자 합니다.
- I'd like to make a reservation. 예약을 하겠습니다.
- We're full for this evening. 오늘 저녁에는 예약이 다 끝났습니다.
- I'll show you to your table. 손님 자리로 안내하겠습니다.
- Would you mind waiting until one is free? 빈자리가 날 때까지 기다려 주실 수 있습니까?
- When does the restaurant close? 몇 시에 레스토랑이 닫습니까?
- All tables are booked tonight. 오늘밤 모든 좌석은 예약되었다.
- Are you leaving our hotel? 우리 호텔을 떠나십니까?

☼ 주문 관련

- May I take your order? 주문하시겠습니까?
- I'd like some water. 물 좀 주시겠습니까?
- Where would you like to sit? 어느 곳에 앉으시겠습니까?
- Would you like to sit outside? 바깥쪽으로 앉으시겠습니까?
- Would you care for an aperitif? 식사 전 마실 것은 무엇으로 하시겠습니까?
- I want a drink to start with. 식사 전에 우선 술을 한 잔하겠습니다.
- What kinds of whisky have you got? 위스키로는 무슨 종류가 있습니까?
- May l have some cold water? 시원한 물 좀 마셔도 되나요?
- Are you through, sir? 식사 다 드셨습니까?
- Which do you like better whisky or brandy? 당신은 위스키와 브랜디 중에 무엇을 더 좋아합니까?
- What kind of drink would you like? 어떤 종류의 음료를 원하십니까?

☼ 기타

- I don't like liquor. 나는 술이 싫습니다.
- How about a drink with me this evening? 저하고 오늘밤에 한잔 하시겠어요?
- I am sorry to have kept you waiting. 기다리게 해서 미안합니다.
- I'm afraid of losing the way. 나는 길을 잃을까봐 두렵다.
- I'd like to have another drink. 한잔 더 주세요.
- Thank you for inviting me. 초청해주셔서 감사합니다.
- Not all food is good to eat. 모든 음식이 먹기에 다 좋은 것은 아니다.
- What are you looking for? 당신은 무엇을 찾고 있습니까?
- We'd like to have another round, please. 마시던 걸로 전부 한잔씩 더 돌리시오.
- Let's have another round. 한잔 더 하자!
- This drink is on the house. 이번 술은 주인이 내는 겁니다.
- I feel like throwing up. 토할 것 같다.
- This milk has gone bad. 이 우유는 상했다.
- I don't care for any dessert. 디저트를 원하지 않는다.

- May I bring you cocktail before dinner? 저녁 식사 전에 칵테일을 가져다 드릴까요?
- Why don't you come out of yourself? 속마음을 이야기해 보는 것이 어때?
- Bottoms up! 건배! 쭉 마셔.
- Here's to us! 자, 모두 한잔합시다.
- I beg your pardon? 실례합니다. 다시 한 번만 말씀해주시겠습니까?
- What do you do for living? 직업이 무엇입니까?

chapter 02 기출·출제예상문제

※ 기출문제는 복원하여 재구성하였습니다.

 음료

1 What does "V.S.O.P." on a bottle of Brandy mean?

① Very Special Old Pail
② Very Special Old Pale
③ Very Extra Napoleon
④ Very Special Old

> note ② "V.S.O.P"는 "Very Superior Old Pale"의 약자로 브랜디가 18~25년 묵은 특상급을 표시할 때 사용한다.

2 What is the meaning of port wine?

① Port wine is Italian red wine
② Port wine is Portugal wine
③ Port wine is a Chille wine
④ None of the above

> note ② port wine은 포르투갈의 북부를 흐르는 두에로(Duero) 강 유역에서 생산되는 주정 강화 포도주로 주로 식후에 먹는 달콤한 와인이다.

3 Dark Rum, Brandy, Coffee and Honey are the main ingredients of (   ).

① Coffee Cocktail
② Jamaica Spice
③ Creme De Cafe
④ Whisky Sour

> note ② Jamaica Spice의 주요 재료는 Dark Rum, Brandy, Coffee와 Honey이다.

4 다음 물음에 답하시오.

> What is yellow or brown fortified wine originally from spain?

① Sherry ② Burgundy
③ Chanti ④ Muscadet

> **note** ① Sherry는 스페인에서 양조되는 백포도주로 엷은 색의 담백한 맛에서부터 진한 갈색의 달콤한 것까지 다양하다.
> ② 버건디는 프랑스 부르고뉴산 포도주이다.
> ③ 이탈리아 Chanti 와인이다.
> ④ 뮈스카데는 프랑스 Loire강 하류 지역 백포도주이다.
> ※ Fortified : 포터파이드, 강화주

5 Which is not scotch whisky? (2013년 2회)

① Bourbon ② Ballantine
③ Cutty sark ④ V.A.T.69

> **note** ① 스카치 위스키는 몰트(맥아)의 디아스타아제에 의하여 당화된 곡물의 거르기 전 술을 스코틀랜드에서 증류하여 최저 3년간 통에 담아 창고에서 익힌 것으로 버번위스키(Bourbon)는 옥수수와 호밀로 만든 미국산 위스키이다.

6 다음 중 Ice bucket에 해당되는 것은?

① Ice pail ② Ice tong
③ Ice pick ④ Ice pack

> **note** ① ice bucket은 포도주 병 등을 넣어 차게 식히기 위해 얼음을 채우는 통으로 아이스 페일은 얼음을 넣기 위한 용기를 말한다.

Answer 1.② 2.② 3.② 4.① 5.① 6.①

7 다음 ( )안에 적당한 단어는?

> ( ) is the chemical process in which yeast breaks down sugar in solution into carbon dioxide and alcohol.

① Distillation　　　　　② Fermentation
③ Classification　　　　④ Evaporation

> note ② 효모에 의해 알코올이 생기는 발효(Fermentation)에 관한 설명이다.
> ① 증류
> ③ 분류
> ④ 증발
> ※ in solution : ~용해하여
> 　 dioxide : 이산화물

8 Which one is the cocktail containing gin, vermouth, and olive?

① Vodka tonic　　　　② Gin tonic
③ Manhattan olive　　④ Martini

> note ④ 마티니(Martini)는 드라이 진에 드라이 베르무트를 섞은 후 올리브로 장식한 칵테일이다.

9 Which country does Bailey's come from?

① Scotland　　　　② Ireland
③ England　　　　④ New Zealand

> note ② 베일리스(Bailey's)는 Irish Cream과 위스키가 결합된 음료이다.

10 Choose the best answer for the blank.

> An alcoholic drink taken before a meal as an appetizer is (　).

① hangover　　　　　　　　② aperitif
③ chaser　　　　　　　　　④ tequila

　🌱note　② 아페리티프(Aperitif)는 식욕증진제라는 의미의 프랑스 언어로 식사 전에 마시는 반주이다.
　　　　　① 알코올 숙취
　　　　　③ 독한 술을 마신 후 입가심으로 마시는 물이나 탄산수
　　　　　④ 멕시코의 민속주

11 다음은 무엇에 관한 설명인가?

> When making a cocktail, this is the main ingredient into which other things are added.

① base　　　　　　　　　② glass
③ straw　　　　　　　　　④ decoration

　🌱note　① 칵테일을 만들 때 주된 요소(base)로 다른 부가적인 것이 첨가된다.

12 Where is the place not to produce wine in France?

① Bordeaux　　　　　　　② Bourgonne
③ Alsace　　　　　　　　④ Mosel

　🌱note　① 남프랑스의 포도주 산지
　　　　　② 프랑스 동부의 부르고뉴 와인 산지
　　　　　③ 프랑스 동북부의 지방의 백포도주 산지

Answer　7.② 8.④ 9.② 10.② 11.① 12.④

13 Which of the following is made mainly from barley grain?

① Bourbon Whisky   ② Scotch Whisky
③ Rye Whisky   ④ Straight Whisky

> note ② 보리를 원료로 맛을 낸 것은 스카치 위스키(Scotch whisky)이다.
> ① 옥수수와 호밀로 만든 미국 위스키
> ③ 호밀(Rye)을 원료로 한 위스키

14 What is the liqueur on apricot base?

① Benedictine   ② Chartreuse
③ Kalhua   ④ Amaretto

> note ④ 아마레또는 살구씨를 물에 담가 증류시키고 아몬드와 비슷한 향취를 가진 에센스를 만들어 Spirits에 혼합하고 숙성해서 만든다.

15 Which is not the name of sherry? (2011년 3회)

① Fino   ② Olorso
③ Tio pepe   ④ Tawny Port

> note ④ 셰리(sherry)는 스페인 남부 지방에서 생산되던 백포도주를 말한다. 타우니 포트(Tawny Port)는 여러 종류의 루비 포트를 혼합해 만들었으며 평균 5~6년 숙성한 와인이다.
> ① Fino(fine의 스페인어)는 가장 맛이 드라이하고 색이 연한 셰리
> ② 올로로소(Olorso)는 시음기 짙은 황색으로 Fino와 함께 스페인 셰리의 대표적인 셰리
> ③ Dry Sherry의 한 종류

16 Which one is made with Ginger and Sugar?

① Tonic water   ② Ginger ale
③ Sprite   ④ Collins mix

> note ② 진저에일(ginger ale)은 생강 풍미가 나는 탄산음료로 생강을 주원료로 설탕이 사용된다.

17 다음 중 ( ) 안에 알맞은 것은?

> Main ingredient of ( ) is potato. ( ) is characterized by no color, no smell and no taste. It is usually used by base of cocktail.

① Brandy ② Gin
③ Vodka ④ Whisky

> note ③ 보드카의 주 재료는 감자이다. 보드카는 무색, 무취, 무맛의 특성이 있다. 이것은 보통 칵테일의 기조로 사용된다.

18 What is the liqueur made by orange peel originated from Venezuela?

① Drambuie ② Grand Marnier
③ Benedictine ④ Curacao

> note ④ 큐라소(Curacao)는 오렌지 껍질을 이용하여 만든 리큐어이다.
> ① 스카치 위스키(Scotch Whisky)를 기주로 하여 꿀로 달게 한 오렌지향의 리큐어
> ② 그랑 마니에르(Grand Marnier)는 코냑에 오렌지 향을 가미한 프랑스산 리큐어
> ③ 수십 종의 약초를 사용한 리큐어

19 다음 중 ( ) 안에 알맞은 것은?

> ( ) is the chemical interaction of grape sugar and yeast cells to produce alcohol, carbon dioxide and heat.

① Distillation ② Maturation
③ Blending ④ Fermentation

> note ④ 보기는 발효(Fermentation)에 대한 내용이다. 발효는 포도당과 효모균이 상호 화학작용에 의해 알콜과 이산화탄소와 열을 만드는 현상이다.
> ※ grape sugar : 포도당

20 아래의 설명과 관계가 깊은 것은?

> As wine ages, Its original aroma changes with maturity.

① Growth ② Brilliant
③ Bouquet ④ Delicate

note ③ 와인은 시간이 지나면서 그 본래의 향기가 숙성된다. 따라서 술 따위의 향기, 방향을 말하는 부케(Bouquet)가 정답이다.

21 Which is not an appropriate definition?

① Ice Pick : 얼음을 잘게 부술 때 사용하는 기구
② Squeezer : 과즙을 짤 때 사용하는 기구
③ Ice Tong : 얼음을 제조하는 기구
④ Pourer : 주류를 따를 때 흘리지 않도록 하는 기구

note ③ Ice Tong은 음료의 얼음 집게를 가리킨다.

22 ( )안에 알맞은 리큐어는?

> ( ) is called 'the queen of liqueur'. this is one of the French traditional liqueur and is made from several years aging after distilling of various herbs added to spirit.

① Chartreuse ② Benedictine
③ Kummel ④ Cointreau

note ① 샤르트뢰즈(Chartreuse)는 리큐어의 여왕으로도 불리며, 다양한 허브에 주정과 같이 증류하여 만드는 프랑스의 전통적인 리큐어이다.
② 수십 종의 약초를 사용한 호박색 리큐르
③ 캐러웨이 씨로 만드는 리큐어
④ 프랑스의 오렌지 껍질로 만든 리큐어

23 Select the place in which the French wine is not produced.

① Bordeaux ② Bourgogne
③ Alsace ④ Soave

> note ④ 소아베(Soave)는 이탈리아 베로니아산(産)의 쌉쌀한 백포도주를 말하며 나머지는 모두 프랑스 산이다.

24 Which one is not aperitif cocktail?

① Dry Martini ② Kir
③ Campari Orange ④ Grasshopper

> note ④ 메뚜기란 뜻의 민트향이 가미된 크림 칵테일이다.
> ① 진을 베이스로 드라이 베르무트를 넣어 만든 칵테일
> ② 와인을 베이스로 한 칵테일
> ③ 캄파리 오렌지(CAMPARI ORANGE)는 캄파리와 오렌지 주스의 단맛이 조화를 이룬 저녁 식사 칵테일로 인기가 높다.
> ※ aperitif : 식욕을 돋구는 식사 전에 마시는 반주

25 아래의 (   )안에 적합한 것은?

- (   ) whisky is a whisky which is distilled and produced at just one particular distillery.
- (   )s are made entirely from one type of malted grain, traditionally barley, which is cultivated in the region of the distillery.

① grain ② blended
③ single malt ④ bourbon

> note ③ 맥아의 과정을 거친 보리 한 가지로 만들어지며 동일한 증류소에서 생산된 싱글 몰트 위스키를 말한다.
> ※ 싱글몰트 위스키는 특정한 증류주 공장에서 생산·증류된 위스키이다. 싱글 몰트 위스키는 한 증류주 공장 지역에서 재배된 맥아로 만든 곡류, 전통적 보리의 한 종류로부터 만들어진다.

Answer
20.③ 21.③ 22.① 23.④ 24.④ 25.③

26 아래의 ( ) 안에 알맞은 용어는?

> The ( ) guarantees that all AOC products will hold to a rigorous set of clearly defined standards.

① DOCG
② ONIVINS
③ VOQS
④ INAO

> **note** ④ INAO는 전국원산지명칭협회로 "Institut Nationale des Appellations d'Origine"의 약자이다. 1935년에 설립되었으며, 프랑스 와인의 원산지 명칭을 통제하고, 관리·승인하는 역할을 하고 있다.
> ① Denominazione di Origine Controllata e Garantita의 약자로 1963년 이탈리아 와인법에 의해 D.O.C.G, DOC, IGT, VdT로 등급이 분류된다.
> ② 프랑스 농수산부 국립 포도주사무국(ONIVINS)
> ※ AOC(Appellation d'Origine Contrôlée) … 프랑스 정부가 와인생산지를 규정하고, 와인양조 기준 등을 관리하기 위해 만든 명칭

27 Please select the cocktail-based wine in the following.

① Mai-Tai
② Mah-Jong
③ Salty-Dog
④ Sangria

> **note** ④ 샹그리아는 포도주에 소다수와 레몬즙을 넣어 희석시켜 만든 술로 여러 가지 과일을 넣어 차게 해서 먹는 칵테일의 일종이다.
> ① 럼을 베이스로 한 열대 칵테일이다.
> ③ 진 또는 보드카와 그레이프 프루트를 섞은 칵테일이다.

28 Choose a wine that can be served before meal. (2014년 4회)

① Table Wine

② Dessert win

③ Aperitif wine

④ Port wine

> note ③ 애피타이저 와인(Appetizer Wine)은 본 식사를 시작하기 전에 식욕을 돋우기 위해 샐러드 등의 전채요리와 함께 한 두 잔 가볍게 마시는 와인이다.

29 Select one of the Dessert Wine in the following.

① Rose wine

② Red wine

③ White wine

④ Sweet white wine

> note ④ 식사를 마친 후에 디저트와 함께 달콤하고 시원한 스위트 와인(Sweet Wine)을 주로 마신다.

30 This is produced in Germany and Switzerland alcohol degree 44℃ also is effective for hangover and digest. Which is this?

① Unicum

② Orange bitter

③ Underberg

④ Peach bitter

> note ③ 운드버그(Underberg)는 혼합주로 정제주정에 과실, 과즙, 약호 등의 방향성 성분과 감미료 등이 첨가된 약주이다. 도수는 약 44%이며, 숙취와 소화에 약효가 있다.
> ① 유니쿰(unicum)은 쓴 맛이 강한 전통주로 40여 가지 헝가리 약초들이 혼합되어 있다.
> ④ Peach Bitter는 영국에서 생산하며 복숭아 이외 수종의 약초를 원료로 하여 만든 술이다.

Answer
26.④ 27.④ 28.③ 29.④ 30.③

31 다음 ( ) 안에 적당한 단어는?

( ) is a generic cordial invented in Italy and made from apricot pits and herbs, yielding a pleasant almond flavor.

① Anisette ② Amaretto
③ Advocaat ④ Amontillado

> note ② 아마레또(Amaretto)는 아몬드 향을 지닌 리큐어로 살구씨를 물에 담가 증류시키고 아몬드와 비슷한 향의 에센스를 만들어 증류수(Spirits)에 혼합하고 숙성해서 시럽을 첨가하여 만든다.
> ① 미나리과 식물인 아니스(Anise)향을 착향시킨 무색 리큐어
> ③ 브랜디에 계란 노른자, 설탕, 바닐라향을 착향시킨 네덜란드산의 유명한 리큐어
> ④ 포도로 만든 스페인산 백포도주
> ※ Cordial : 리큐어술

32 As a rule, the dry wine is served ( ).

① in the meat course ② in the fish course
③ before dinner ④ after dinner

> note ③ 일반적으로 드라이 와인은 저녁 식사 전에 제공된다.
> ※ As a rule : 보통, 일반적으로

33 아래는 무엇에 대한 설명인가?

A fortified yellow or brown wine of Spanish origin with a distinctive nutty flavor.

① Sherry ② Rum
③ Vodka ④ Blood Mary

> note ① 셰리(Sherry)는 스페인의 헤레스(Jerez) 지방의 백포도주로 포트와인과는 달리 발효가 다 끝난 다음에 브랜디를 첨가하여 만들며 호박색 빛을 띤다.
> ※ fortified : 강화주
>   nutty : 견과류
>   distinctive : 독특한

160 ★ 2일차. 주장관리와 서비스 영어에 대해서 알아보자!

34 다음은 어떤 술에 대한 설명인가? (2015년 1회)

> It was created over 300years ago by a Dutch chemist named Dr. Franciscus Sylvius.

① Gin
② Rum
③ Vodka
④ Tequila

🍃 note ① 진(Gin)은 네델란드의 의과대학 교수이자 의사인 실비우스 교수(Franciscus Sylvius)가 연구 끝에 냄새를 제거하여 만든 술이다.

35 Which of the following is made from grape?

① Calvados
② Rum
③ Gin
④ Brandy

🍃 note ④ 브랜디는 과일의 발효액을 증류시킨 것으로, 원료에 따라서 포도 브랜디(Grape Brandy), 사과 브랜디(Apple Brandy), 체리 브랜디(Cherry Brandy) 등으로 구분된다.
① 사과를 원료로 하여 제조한 브랜디
② 사탕수수를 원료로 하는 증류주
③ 보통 토닉 워터나 과일 주스를 섞어 마시는 독한 술

36 Which one is the most famous herb liqueur?

① Baileys Irish cream
② Benedictine D.O.M
③ Cream de cacao
④ Akvavit

🍃 note ② 베네딕틴 돔(Benedictine D.O.M)은 프랑스의 허브를 재료로 만든 호박색 황금빛의 술이다.

Answer
31.② 32.③ 33.① 34.① 35.④ 36.②

37 Which is the most famous orange flavored cognac liqueur?

① Grand Marnier ② Drambuie
③ Cherry Heering ④ Galliano

> note ① 오렌지 풍미를 가진 코냑(프랑스 서부 지방산의 질 좋은 브랜디) 중 가장 유명한 것은 그랑 마니에르(Grand Marnier)이다.
> ② 스코틀랜드산의 호박색이 나는 리큐르
> ③ 버찌를 원료로 만든 덴마크산 빨간색의 리큐르
> ④ 달콤한 맛의 황금색 이탈리아산 리큐르

38 Which is the correct one as a base of bloody Mary in the following?

① Gin ② Rum
③ Vodka ④ Tequila

> note ③ 블러디 메리(Bloody Mary)는 보드카에 토마토 주스를 넣어 만든 칵테일이다.

39 ( ) 안에 알맞은 것은?

( ) is a spirits made by distilling wines or fermented mash of fruit.

① Liqueur ② Bitter
③ Brandy ④ Champagne

> note ③ 브랜디는 과실주를 증류하여 만든 술이다.
> ① 증류하여 만든 주정에 과실이나 약초 등의 성분을 넣고 설탕과 같은 감미료를 넣은 혼성주

40 Which country does Campari come from? (2012년 5회)

① Scotland ② America
③ Fran ④ Italy

> note ④ 캄파리(Campari)는 이탈리아의 가스파레 캄파리가 만든 리큐어의 브랜드이다.

41 Which is the liquor made by the rind of grape in Italy?

① Marc ② Grappa
③ Ouzo ④ Pisco

🍃note ② 그라파(Grappa)는 이탈리아 술로 포도 짜는 기계 속의 찌꺼기를 증류한 술이다.

42 다음 ( )안에 알맞은 것은?

> ( ) is distilled spirits from the fermented juice of sugarcane or other sugarcane by-products.

① whisky ② vodka
③ gin ④ rum

🍃note ④ rum은 사탕수수의 즙을 발효시켜서 증류하여 만든다.
① 맥아를 주원료로 하여 발효시킨 후 증류하여 만든 술
② 대표적인 증류주
③ 보통 토닉 워터나 과일 주스를 섞어 마시는 독한 술
※ distill : 증류하다.
　fermented : 발효시키다.
　sugarcane : 사탕수수
　by-products : 부산물

43 Which is the best term used for the preparing of daily products?

① Bar Purchaser ② Par Stock
③ Inventory ④ Order Slip

🍃note ② par stock이란 저장되어 있는 적정 재고량을 뜻한다.

Answer
37.① 38.③ 39.③ 40.④ 41.② 42.④ 43.②

44 다음은 무엇을 만들기 위한 과정인가?

> 1. First, take the cocktail shaker and half fill it with broken ice, then add one ounce of lime juice
> 2. After that put in one and a half ounce of rum and one tea spoon of powdered sugar.
> 3. Then shake it well and pass it through a strainer into a cocktail glass.

① Bacardi ② Cuba Libre
③ Blue Hawaiian ④ Daiquiri

> note 보기는 럼주에 과일 주스나 설탕 등을 섞은 칵테일인 다이커리의 제조 과정이다.
> 1. 처음으로, 술을 혼합하는 용기(칵테일 쉐이커)와 깨진 얼음과 함께 절반 정도 채운다. 그리고 라임 주스 1온스를 추가한다.
> 2. 그 후 럼 티스푼 한 수저의 설탕과 럼 1온스를 넣는다.
> 3. 그리고 나서 잘 흔든 후 여과망을 통해 칵테일 잔에 붓는다.

45 Which one is made with ginger and sugar?

① Tonic water ② Ginger ale
③ Sprite ④ Collins mix

> note ② 생강과 설탕으로 만들어진 것은 진저에일(ginger ale)이다.

46 Which one is the cocktail containing Creme de Cassis and white wine?

① Kir ② Kir royal
③ Kir imperial ④ King Alfonso

> note ① 키르(kir)는 화이트 와인에 카시스(cassis)를 혼합한 술이다.
> ※ 크림 더 카시스(Creme de Cassis) … 적당한 새콤달콤에 향긋 카시스를 재료로 만든 칵테일

47 다음은 커피와 관련한 어떤 과정을 설명한 것인가? (2013년 1월)

> The heating process that releases all the potential flavors locked in green beans.

① Cupping   ② Roasting
③ Grinding ④ Brewing

note ② 그린 빈에서 잠재된 모든 향들을 이끌어내는 열간가공(Roasting)이다.

48 다음에서 설명하는 것은?

> It is a liqueur made by orange peel originated from Venezuela.

① Drambuie   ② Jagermeister
③ Benedictine ④ Curacao

note ④ 베네수엘라로부터 오렌지 과피에 의해 만들어진 것은 큐라소(Curacao)이다.
① 스카치 위스키를 기반으로 꿀을 첨가한 오렌지향의 리큐어이다.
② 예거마스터는 독일에서 생산되는 술이다.
③ 수십 종의 약초를 사용한 약 42℃의 호박색 리큐르이다.

49 Which one is the best harmony with gin?

① sprite   ② ginger ale
③ cola   ④ tonic water

note ④ 토닉 워터는 영국에서 처음 개발한 무색 투명한 음료로서 레몬, 오렌지, 라임, 키니네(규 군피의 엑기스)의 껍질 등의 엑기스에 당분을 배합하여 만든 것으로 토닉워터에 진을 섞으면 칵테일 진토닉(Gin & Tonic)이 된다.

Answer
44.④ 45.② 46.① 47.② 48.④ 49.④

50 Which cocktail name means "Freedom"?

① God mothe ② Cuba libre
③ God father ④ French kiss

> note ② 쿠바 리브레(Cuba Libre)는 1902년 스페인의 식민지였던 쿠바의 독립운동 당시에 생겨난 "Viva Cuba Libre(자유 쿠바 만세)"라는 데서 유래되었다.

51 다음에서 설명하는 bitters는?

> It is made from a Trinidadian sector recipe.

① peyshaud's bitters ② Abbott's aged bitters
③ Orange bitters ④ Angostura bitters

> note ④ 앙고스투라비터(Angostura Bitters)는 독일 출신의 군의관 Johann Gottlieb Benjamin Sieger에 의해서 만들어졌으며, 중남미 트리니다드 지역에서 생산되는 앙고스트라 나무 껍질의 쓴맛이 나는 액으로 만든 일종의 향료이다.

52 Which one is made with vodka and coffee liqueur?

① Black russian ② Rusty nail
③ Cacao fizz ④ Kiss of fire

> note ① 커피 리큐르(Coffee Liqueur)와 보드카로 만들어진 것은 블랙 러시안(Black russian)이다.
> ② 위스키와 드람브이를 섞어서 만든 칵테일이다.
> ③ 카카오 크림·레몬주스·설탕을 섞은 혼성음료이다.
> ④ 보드카, 슬로 진, 드라이 베르무트, 레몬 주스를 섞어 만든 칵테일이다.

53 Which of the following doesn't belong to the regions of France where wine is produced?

① Bordeaux ② Burgundy
③ Champagne ④ Rheingau

> note ④ 프랑스 지역에서 만들어진 와인 종류가 아닌 것은 라인가우(Rheingau)로 독일 Hesse 주의 Rhine가에 위치하고 있다.
> ① 남프랑스의 포도주 산지
> ② 프랑스 부르고뉴산 포도주
> ③ 프랑스의 샹파뉴(Champagne)지역

54 다음에서 설명하는 것은?(2013년 2회)

> A honeydew melon flavored liqueur from the Japanese house of Suntory.

① Midori ② Cointreau
③ Grand Marnie ④ Apricot Brandy

> note ① 일본 산토리 지역으로부터 허니듀 멜론의 풍미를 지닌 리큐어는 Midori Liqueur이다.

55 다음 (   )에 알맞은 단어는?

> Dry gin merely signifies that the gin lacks (   ).

① sweetness ② sourness
③ bitterness ④ hotness

> note ① 드라이 진은 단맛이 거의 없고 쌉쌀한 맛이 난다.

Answer
50.② 51.④ 52.① 53.④ 54.① 55.①

56 다음 (   )안에 들어갈 알맞은 것은?

> (   ) is a Caribbean coconut-flavored rum originally from Barbados.

① Malibu ② Sambuca
③ Maraschino ④ Southern Comfort

note ① 말리부(Malibu)는 럼(Rum)을 베이스로 한 리큐르(Liqueur)로 코코넛과 당분을 첨가하여 만든다. 본래 카리브 지역의 바베이도스에서 만들어지기 시작했다.
② 이탈리아에서 생산되는 리큐어
③ 야생 버찌로 만드는 단맛이 나는 독한 술
④ 버번과 복숭아가 주재료이며 미주리(Missouri)주의 세인트루이스에서 만들어진 전통적인 미국의 리큐어

57 What is the name of famous Liqueur on Scotch basis?

① Drambuie ② Cointreau
③ Grand marnier ④ Curacao

note ① 스카치 위스키에 기반한 유명한 리큐어는 꿀로 달게 한 오렌지향의 드램뷰(Drambuie)이다.
② Cointreau(쿠앵트로) : 오렌지 껍질로 만든 리큐어
③ Grand marnier(그랑 마니에르) : 코냑에 오렌지 향을 가미한 리큐어
④ Curacao(큐라소) : 오렌지로 만든 리큐어
※ Liqueur : 달고 과일 향이 나기도 하는 독한 술

58 Which one is made of dry gin and dry vermouth?

① Martini ② Manhattan
③ Paradise ④ Gimlet

note ① 드라이 진과 드라이 베르무트(Dry Vermouth)로 만든 것은 마티니 드라이(Martini)이다.

59 Which of the following is a liqueur made by Irish whisky and Irish cream?

① Benedictine ② Galliano
③ Creme de Cacao ④ Baileys

> note ④ 아일랜드 위스키(맥아즙·밀·나맥·라이맥 등을 섞은 액즙의 증류물)과 아이스 크림에 의해 만들어진 리큐어는 베일리스(Baileys)이다.

60 Which of the following is not scotch whisky?

① Cutty Sark ② White Horse
③ John Jameson ④ Royal Salute

> note ③ 제임슨(John Jameson)은 아이리시 위스키이다.

61 Which is the syrup made by pomegranate?

① Maple syrup ② Strawberry syrup
③ Grenadine syrup ④ Almond syrup

> note ③ 석류(pomegranate)에 의해 만들어진 것은 당밀에 석류를 넣어 만든 선홍색의 그레나딘 시럽(Grenadine syrup)이다.
> ① 사탕단풍의 수액으로 만든 감미료
> ② 딸기 시럽
> ④ 아몬드 시럽

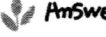

56.① 57.① 58.① 59.④ 60.③ 61.③

② 주장 관련 영어

1 Which do you like better whisky _____ brandy?

① as   ② but
③ and   ④ or

> note 당신은 위스키와 브랜디 중에 무엇을 더 좋아하는가?
> ※ which do you like better, A or B? : A와 B 중에 무엇을 더 좋아하는가?

2 「저하고 오늘밤에 한잔 하시겠어요?」에 적당한 표현은?

① Let's drink wine with me tonight.
② What are you having this evening?
③ Why don't you drink a cup of wine with me tonight?
④ How about a drink with me this evening?

> note ④가 적절한 표현이다.
> ① Let's는 "~하자"의 명령형이다.

3 다음 밑줄 친 부분에 알맞은 단어는?

> A table _____ three, sir? Please, come this way.

① on   ② to
③ for   ④ at

> note ③ 3명의 좌석을 원합니까? 손님. 이쪽으로 오세요.

4 "기다리게 해서 미안합니다."의 올바른 표현은?

① I am sorry to have kept you waiting.

② I am sorry to kept you waiting.

③ I am sorry to have not kept you waiting.

④ I am sorry not to keep you waiting.

> note ① 관용적으로 사용하므로 반드시 기억하자.
> keep somebody waiting : (늦게 도착하여) ~를 기다리게 하다

5 다음 ( ) 안에 들어갈 알맞은 것은?

> May I have ( ) coffee please?

① some   ② many
③ to   ④ only

> note ① some이 들어와야 한다
> May I have some cold water? : 시원한 물 좀 마셔도 되나요?

6 "나는 길을 잃을까봐 두렵다."로 맞는 것은?

① I'm afraid of losing the way.

② I'm afraid for losing the way.

③ I'm afraid by lose way.

④ I'm afraid to lost the way.

> note ① 'be afraid of~'는 '~을 두려워하다'는 숙어로 나는 길을 잃을까봐 두렵다의 뜻으로 적절하다.

Answer
1.④ 2.④ 3.③ 4.① 5.① 6.①

7 The post office is _____ the Hotel.

① close
② closed by
③ close for
④ close to

> note ④ 우체국은 그 호텔과 아주 가까이 있다.
> close to : 아주 가까이

8 다음 문장의 내용으로 보아 ( )안에 동사형을 바르게 변형시킨 것은?

> We found (fall) leaves here and there.

① fall
② fell
③ fallen
④ falling

> note ③ 우리는 여기저기 떨어진 낙엽을 찾았다.
> fallen leaves : 낙엽

9 "Where are you going for vacation?"의 대답으로 가장 적당하지 않은 것은?

① up to the mountain
② to learn how to swim
③ down to the sea
④ look after my son

> note ④ 방학 때 어디 갈 것인지 질문하였으므로 자신의 계획을 말하는 것이 적절하다. look after somebody는 ~을 맡다(돌보다/건사하다)는 뜻으로 질문의 대답으로 적절하지 않다.

10 "Which do you like better, tea or coffee?"의 대답으로 나올 수 있는 문장은?

① Tea
② Tea and coffee
③ Yes Tea
④ Yes coffee

> note ① 차와 커피 중에 무엇이 좋은지 물었으므로 둘 중 하나를 선택하는 ①이 적절하다.

11 I am afraid you have the ( ) number(전화 잘못 거셨습니다.) ( )에 들어갈 적당한 말은?

① incorrect
② wrong
③ missed
④ busy

> note ② have the wrong number : 전화를 잘못 걸다.

12 "Not all food is good to eat."의 올바른 해석은?

① 모든 음식은 먹기에 좋지 않다.
② 모든 음식이 먹기에 다 좋은 것은 아니다.
③ 모든 음식은 먹을 수 없다.
④ 어떤 음식이든지 다 먹기에 좋다.

> note ② 모든 음식이 먹기에 다 좋은 것은 아니다.

13 다음 중 밑줄 친 부분의 뜻은?

> You are in good shape for a 50-year-old man.

① handsome
② smart
③ healthy
④ young

> note ③ 상태가 좋다는 의미로 healthy가 동의어이다.
> in good shape : 상태가 좋은

Answer
7.④ 8.③ 9.④ 10.① 11.② 12.② 13.③

14 다음 ( )안에 알맞은 단어는?

> Are you interested in ( )?

① make cocktail
② made cocktail
③ making cocktail
④ a making cocktail

> note ③ in이 전치사이므로 다음에는 명사 형태가 와야 한다.
> be interested in : ~에 관심이 있다.

15 여럿이 술을 마실 때 「마시던 걸로 전부 한잔씩 더 돌리시오.」라고 하고 싶을 때의 가장 적당한 영어 표현은?

① We'd like to have another round, please.
② Please give us same drink.
③ We want the other round of drinks.
④ Let us have them again.

> note ① Another round는 "술 한 잔씩 더 주세요."라는 뜻으로 We'd like to have another round가 정답이다.
> Let's have another round. : 한잔 더 하자.
> This drink is on the house. : 이번 술은 주인이 내는 겁니다(주인이 손님을 아는 경우 한잔씩 공짜로 줄 때).

16 다음 _____ 에 들어갈 가장 알맞은 것은?

> A : "Why didn't john go there yesterday?"
> B : "John didn't go there _____ it rained."

① because of
② because
③ owing to
④ due to

> note ② because는 접속사라서 뒤에 주어 동사가 있어야 하나 because of는 전치사이므로 뒤에 명사가 와야한다.

17 Choose the best answer for the blank.

> A : Why the ( ) face?
> B : The coffee machine is out of order again.

① long ② poker
③ terrific ④ short

> note A : 왜 그런 우울한 얼굴을 하고 있어?
>   B : 커피 머신 기계가 다시 고장났어.

18 choose the best answer for the blank.

> A : Have you ever been in Rome?
> B : No, but that's the city ( ).

① I want most I like to visit.
② I'd most like to visit.
③ which I like to visit most.
④ what i'd like most to visit.

> note A : 로마에 가본 적 있으세요?
>   B : 아니오, 하지만 꼭 방문하고 싶은 도시에요.

14.③ 15.① 16.② 17.① 18.②

19 다음 문장의 (　) 안에 가장 적당한 것은?

> I (　) born in 1987.

① am　　　　　　　　　② were
③ was　　　　　　　　　④ did

　note　③ "was"가 들어가야 한다.
　　　　「나는 1987년에 태어났다.」

20 다음 질문에 대한 대답으로 가장 적절한 것은?

> A : How often do you go to the bar?
> B : (　　　　　　)

① For a long time.　　　　② when I am free.
③ Quite often.　　　　　　④ From yesterday.

　note　「A : 그 바에 얼마나 자주 가세요?
　　　　　B : 꽤 자주요.」
　　　　① 오랫동안, 장기간
　　　　② 시간이 자유로울 때
　　　　④ 어제부터

21 다음 (　) 안에 가장 알맞은 것은?

> What Kind of drink would you (　)?

① like to　　　　　　　② like
③ have to　　　　　　　④ has

　note　② What kind of drink would you like? : 어떤 종류의 음료를 원하십니까?

176 ★ 2일차. 주장관리와 서비스 영어에 대해서 알아보자!

22 다음 밑줄 친 단어의 의미는?

> A : This beer is <u>flat</u>. I don't like warm beer.
> B : I'll have them replace it with a cold one.

① 시원한　　　　　　　② 맛이 좋은
③ 김이 빠진　　　　　　④ 너무 독한

　note　③ flat : 김이 빠진
　　　「A : 이 맥주는 김이 빠졌어. 나는 따듯한 맥주를 좋아하지 않아.
　　　　B : 이것 좀 차가운 것으로 좀 바꿔주면 좋겠는데.」

23 "I feel like throwing up."의 의미는?

① 토할 것 같다.　　　　② 기분이 너무 좋다.
③ 공을 던지고 싶다.　　④ 술을 마시고 싶다.

　note　① I feel like throwing up : 토할 것 같아.

24 "얼음물 좀 더 갖다 드릴까요?"의 적합한 표현은?

① Shall you have some more ice water?
② Shall I get you some more ice water?
③ Will you get me some more ice water?
④ Shall I have some more ice water?

　note　② Shall은 상대방의 의지, 의향을 물어볼 때 주로 사용한다.
　　　　Shall I send you the book? : 그 책을 보내드릴까요?
　　　　Let's look at it again, shall we? : 그것을 다시 한번 볼까요?

Answer
19.③　20.③　21.②　22.③　23.①　24.②

25 What is meaning of a walk-in guest?

① A guest with no reservation.

② Guest on charged instead of reservation guest.

③ By walk-in guest.

④ Guest that checks in through the front desk.

> note ① walk-in guest는 사전에 예약을 하지 않고 당일에 직접 호텔에 와서 투숙하는 고객을 가리킨다.

26 아래의 Guest와 Receptionist의 대화에서 ( ) 안에 알맞은 것은?

> G : Is there a swimming pool in this hotel?
> R : Yes, there is. It is (A) the 4th floor.
> G : What time does it open in the morning?
> R : It opens (B) Morning at 6 a.m.

① A : at, B : each

② A : on, B : every

③ A : to, B : at

④ A : by, B : in

> note 「G : 호텔에 수영장이 있습니까?
> R : 네, 있습니다. 4층에 위치하고 있습니다.
> G : 아침에 몇 시에 문을 여나요?
> R : 아침 6시에 매일 문을 엽니다.」

27 아래와 같은 의미로 사용되는 것은?

> 1. (격식) 죄송합니다. (자기 말이나 행동에 대해 사과를 표함)
> 2. 뭐라고요?[다시 한 번 말씀해 주세요.] (상대방의 말을 잘 알아듣지 못했을 때 씀)

① I'm sorry. I don't know.

② What are you talking about?

③ I beg your parden.

④ What did you say?

> note ③ I beg your parden은 자기 말이나 행동에 대해 사과를 표하거나 상대방의 말을 잘 알아듣지 못했을 때 사용한다.

28 약속과 관련된 표현과 거리가 먼 것은? (2012년 3회)

① He has got appointment all day on Monday.
② We made up.
③ Anytime would be fine with me on that day.
④ Let's promise.

🌱note ② We made up : 우리 화해했어.

29 바텐더가 손님에게 처음 주문을 받을 때 할 수 있는 표현은?

① What do you recommend?
② Would you care for a drink?
③ What would you like with that?
④ Do you have a reservation?

🌱note ② would you care for~ : "~하시겠어요?"의 뜻으로 주로 음식 등을 권할 때 자주 사용한다.

30 "The bar (　) at seven o'clock everyday."에서 (　) 간에 알맞은 것은?

① has open
② opened
③ is opening
④ opens

🌱note ④ 그 바는 매일 7시에 문을 열기 때문에 현재형인 opens가 와야 한다.

31 "초청해주셔서 감사합니다."의 가장 올바른 표현은?

① Thank you for inviting me.
② Thank you for invitation me.
③ It was thanks that you call me.
④ Thank you that you invited me.

🌱note ① Thank you for inviting me가 "초청해주셔서 감사합니다"라는 정확한 표현이다.

Answer
25.① 26.② 27.③ 28.② 29.② 30.④ 31.①

32 "디저트를 원하지 않는다."의 의미 표현으로 옳은 것은?

① I am eat very little
② I have no trouble with my dessert.
③ Please help yourself to it.
④ I don't care for any dessert.

　note ④가 디저트를 원하지 않는다는 표현이다.

33 "Bring us (　) round of beer."에서 (　)안에 알맞은 것은?

① each　　　　　　　　　　② another
③ every　　　　　　　　　　④ all

　note ② another가 들어가야 한다.

34 다음 문장이 의미하는 것은?

> Why don't you come out of yourself?

① 속마음을 이야기해 보는 것이 어때?
② 왜 나오지 않는 거니?
③ 왜 너 스스로 다 하려고 하니?
④ 네 의견은 무엇이니?

　note ① Why don't you come out of yourself?는 자신의 진솔한 속마음을 이야기해 보는 것이 어떠냐는 뜻이다.

35 다음 문장의 ( ) 안과 같은 뜻은?

> You (don't have to) go so early.

① have not
② do not
③ need not
④ can not

🕊note ③ don't have to는 "～을 할 필요가 없다"는 뜻으로 "need not"이 같은 의미이다.
「너는 그렇게 일찍 갈 필요가 없다.」

36 다음 영문의 ( )에 들어갈 말은?

> May I ( ) you cocktail before dinner?

① put
② service
③ take
④ bring

🕊note 「저녁 식사 전에 칵테일을 가져다 드릴까요?」

37 '어서 앉으세요, 손님'에 알맞은 영어는?

① Sit down.
② Please be seated.
③ Lie down, sir.
④ Here is a seat, sir.

🕊note ② 앉으십시오, 손님
① (서 있던 사람에게) 앉아.
③ (자거나 쉬려고) 누우세요. 손님

Answer 32.④ 33.② 34.① 35.③ 36.④ 37.②

38 Choose the most appropriate response to the statement.

> A : How can I get to the bar?
> B : I haven't been there in years!
> A : Well, why don't you show me on a map?
> B : _____

① I'm sorry to hear that.
② No, I think I can find it.
③ You should have gone there.
④ I guess I could.

> note 「A : 제가 그 바에 어떻게 갈 수 있습니까?
> B : 이번 년도에는 가보지 못했어요.
> A : 음, 제게 그 지도를 보여주시겠어요?
> B : 한 번 해보죠.」

39 다음 중 의미가 다른 하나는? (2015년 1회)

① Cheers!
② Give up!
③ Bottoms up!
④ Here's to us!

> note ② 그만두다, 포기하다.
> ① 건배!
> ③ 건배! 쭉 마셔.
> ④ 자, 모두 한잔합시다!

40 '나는 술이 싫다.'의 올바른 표현은?

① I don't like a liquor.
② I don't like the liquor.
③ I don't like liquors.
④ I don't like liquor.

> note ④ liquor는 그냥 주류의 범주를 말할 때 liquor로 표현하며, 무관사, 단수 형태이다. 그러나 주류 범주에 속한 개체 또는 개체들의 경우 a liquor, liquors, the liquor, the liquors 등으로 나타낸다.

41 '한 잔 더 주세요.'에 가장 정확한 영어 표현은?

① I'd like other drink.
② I'd like to have another drink.
③ I want one more wine.
④ I'd like to have the other drink.

> **note** ②가 정확한 표현이다.
> How much can you drink? 주량이 어떻게 되세요?
> Would you care for a drink? 한잔 하실래요?
> I'd like to have a glass of wine. 와인 한 잔 주세요.
> Would you like another drink? 한잔 더 하실래요?

42 「우리 호텔을 떠나십니까?」의 표현은?

① Do you start our hotel?
② Are you leave our hotel?
③ Are you leaving our hotel?
④ Do you go our hotel?

> **note** ③이 정확한 표현이다.

43 다른 보기들과 의미가 다른 것은?

> A. May I take your order?
> B. Are you ready to order?
> C. What would you like Sir?
> D. How would you like, Sir?

① A
② B
③ C
④ D

> **note** ④ How would you like는 "~어떻게 해드릴까요?"의 뜻이다.
> A, B, C는 모두 "주문하시겠어요?"로 해석된다.

Answer
38.④ 39.② 40.④ 41.② 42.③ 43.④

44 What is an alternative form of "I beg your pardon?"

① Excuse me. ② Wait for me.
③ I'd like to know. ④ Let me see.

> note ① 실례합니다.
> I beg your pardon?
> = 실례합니다.
> = 다시 한 번만 말씀해주시겠습니까?

45 다음 중 밑줄 친 change가 나머지 셋과 다른 의미로 쓰인 것은?

① Do you have Change for a dollar?
② Keep the change.
③ I need some change for the bus.
④ Let's try a new restaurant for a change.

> note ④ 기분전환으로 다른 식당으로 한번 바꿔보죠.
> ① 1달러를 바꿀수 있는 잔돈 있나요?
> ② 거스름 돈은 필요없다.
> ③ 버스를 타기 위해 돈이 필요하다.

46 ( ) 안에 적합한 것은?

> A Bartender must (   ) his helpers, waiters and waitress. He must also (   ) various kinds of records, such as stock control, inventory, daily sales report, purchasing report and so on.

① take, manage ② supervise, handle
③ respect, deal ④ manage, careful

> note 「바텐더는 반드시 그를 도와주는 사람과 웨이터와 웨이터리스 등을 감독하여야 한다. 그는 또한 재고 관리, 물품 목록, 매출기록부, 구매부 등과 같은 다양한 기록을 다루어야 한다.」

47 다음 ( ) 안에 적합한 것은?

> A bartender should be ( ) with the English names of all stores of liquors and mixed drinks.

① familiar
② warm
③ use
④ accustom

> note 「바텐더는 상점의 모든 술과 혼합 음료의 영어 이름에 정통해야 한다.」
> be familiar with ~ : ~에 정통하다

48 다음 ( )안에 가장 적합한 것은?

> May I have ( ) coffee, please?

① some
② many
③ to
④ only

> note ① May I have some ~ 명사가 오므로 some이 위치하여야 한다.

49 다음의 ( )안에 들어갈 적합한 것은?

> A : Do you have a new job?
> B : Yes, I ( ) for a wine bar now.

① do
② take
③ can
④ work

> note 「A : 새로운 일을 구했니?
>   B : 응. 지금 와인 바에서 일해.」

Answer 44.① 45.④ 46.② 47.① 48.① 49.④

50 다음 B에 가장 적합한 대답은?

> A : What do you do for living?
> B : _____

① I'm writing a letter to my mother.

② I can't decide.

③ I work for a bank.

④ Yes, thank you.

> note 「A : 직업이 무엇입니까?
>   B : 은행에서 일합니다.」
>   ※ 「직업이 무엇입니까?」의 다른 표현
>   • What kind of a job do you have?
>   • What do you do for a living?
>   • What do you do for living?

51 밑줄 친 곳에 들어갈 가장 알맞은 말은?

> A : May I take your order?
> B : Yes, please.
> A : _____
> B : I'd like to have Bulgogi.

① Do you have a table for three?

② Pass me the salt, please.

③ What would you like to have?

④ How do yo like your steak?

> note 「A : 주문하시겠어요?
>   B : 네.
>   A : 뭘로 하시겠습니까?
>   B : 불고기로 주세요.」

52 다음 밑줄 친 단어와 바꾸어 쓸 수 있는 것은?

> A : Would you <u>like</u> some more drinks?
> B : No, thanks. I've had enough.

① care in   ② care for
③ care to   ④ care of

> note 「A : 술을 좀 더 하시겠어요?
>   B : 아니오. 충분합니다.」
> would you care for ~ : ~을 하시겠어요?

53 "How often do you drink?"의 대답으로 적합하지 않은 것은?

① Every day   ② About three time a month
③ once a week   ④ After work

> note ④ "How often do you~"는 "얼마나 자주 ~합니까?"라는 의미로 "일이 끝난 후에"라는 대답은 적절하지 못하다.

54 "All tables are booked tonight"과 의미가 같은 것은?

① All books are on the table.
② There are a lot of table here.
③ All tables are very dirty tonight.
④ There aren't any available tables tonight.

> note ④ 오늘밤 모든 좌석이 예약되었다.

Answer 50.③ 51.③ 52.② 53.④ 54.④

55 "그걸로 주세요."라는 표현으로 가장 적합한 것은?

① I'll have this one. ② Give me one more.
③ That's please. ④ I already had one.

> note ① 그걸로 할게요.
> ② 술 한 잔 더 주세요.

56 아래의 대화에서 ( ) 안에 알맞은 단어로 짝지어진 것은?

> A : Let's go ( ) a drink after work, will you?
> B : I don't ( ) like a drink today.

① for, feel ② to, have
③ in, know ④ of, give

> note ① for와 feel이 들어가야 한다.
> 「A : 일 끝나고 한잔 어때?
> B : 오늘은 별론데.」
> Let's go for ~ : ~하러 가자.

57 ( )에 들어갈 단어로 옳은 것은?

> ( ) is a late morning meal between breakfast and lunch.

① Buffet ② Brunch
③ American breakfast ④ Continental breakfast

> note ② 브런치(Brunch)는 아침 겸 점심이다.
> ① 뷔페
> ③ 계란요리가 곁들여진 아침식사
> ④ 유럽식 아침식사

58 ( )안에 가장 알맞은 것은?

> W : What would you like to drink, sir?
> G : Scotch ( ) the rocks, please.

① in
② with
③ on
④ put

> note 「A : 무엇으로 드시겠습니까?
> B : 유리잔에 얼음덩어리를 넣은 걸로 주세요.」
> on the rocks : 얼음을 넣은

59 "What will you have to drink?"의 의미로 가장 적합한 것은? (2014년 2회)

① 식사는 무엇으로 하시겠습니까?
② 디저트는 무엇으로 하시겠습니까?
③ 그 외에 무엇을 드시겠습니까?
④ 술은 무엇으로 하시겠습니까?

> note ④ "What will you have to drink?"는 "술은 무엇으로 하시겠습니까?"로 해석된다.

60 "Would you care for dessert?"의 올바른 대답은?

① Vanilla ice-cream, please.
② Ice-water, please.
③ Scotch on the rocks.
④ Cocktail, please

> note ① Would you care for dessert?는 "디저트 좀 하시겠습니까?"라는 뜻으로 디저트인 바닐라 아이스크림이 적정한 대답이다.

Answer
55.① 56.① 57.② 58.③ 59.④ 60.①

3일차. 모의고사로 마무리하자!

제1회 모의고사
제2회 모의고사
정답 및 해설

제1회 모의고사

1 양주학개론

정답 및 해설 P. 222

1 다음 중 분류가 다른 하나는?
① 테킬라
② 탄산음료
③ 보드카
④ 브랜디

2 다음 중 양조주에 해당하는 것은?
① 맥주
② 럼
③ 진
④ 우유

3 통상적으로 술이라고 불리는 알코올성 음료는 순수 알코올이 몇 % 이상 함유된 음료를 말하는가?
① 7%
② 5%
③ 3%
④ 1%

4 다음 중 상면발효맥주에 포함되지 않는 것은?
① 에일 맥주
② 라거 비어
③ 포터 맥주
④ 스타우트

5 다음 중 하면(下面)발효맥주의 주정 도수는?
   ① 1~2%   ② 3~4%
   ③ 5~6%   ④ 7~8%

6 다음 중 캐나디안 위스키(Canadian Whisky)에 속하지 않는 것은?
   ① 블랙 벨벳   ② 크라운 로얄
   ③ 올드 부쉬밀스   ④ 씨그램스 7

7 다음에 제시된 위스키 중 성격이 다른 것은?
   ① 로얄 살루테(Royal Salute)
   ② 발렌타인(Ballantine's)
   ③ 조니워커(Johnnie Walker)
   ④ 존 제임슨(John Jameson)

8 밀, 호밀, 옥수수, 감자, 귀리 등을 주원료로 하여 발효 및 증류해서 만든 것으로 무색, 무취, 무미의 특성을 가졌고 향료의 첨가 대신 활성탄(자작나무)으로 여과하여 냄새를 없앤 것을 무엇이라고 하는가?
   ① 럼(Rum)   ② 보드카(Vodka)
   ③ 진(Gin)   ④ 위스키(Whisky)

9 다음 중 피로 회복 및 강장제, 건위제의 효능이 있으며 식후 주로 마시는 혼성주는?
   ① 그랑 마니에(Grand Marnier)   ② 체리 브랜디(Cherry Brandy)
   ③ 꼬앙뜨루(Coingreau)   ④ 트리플 섹(Triple Sec)

10 다음 혼성주 중에서 오렌지를 주원료로 한 것이 아닌 것은?

① 트리플 섹(Triple Sec) ② 꼬앙뜨루(Coingreau)
③ 피터 헤링(Peter Heering) ④ 큐라소(Curocao)

11 다음 중 칵테일에 대한 설명으로 부적절한 것은?

① 아주 맛이 있지 않으면 그 가치가 없다.
② 얼음에 잘 냉각되어 있지 않아도 된다.
③ 식욕을 증진시키는 일종의 윤활유이다.
④ 식욕과 동시에 사람의 마음을 자극하고 분위기를 만들어 내는 것이 아니면 의미가 없다.

12 다음 중 식전 칵테일(Aperitif Cocktail)에 해당하지 않는 것은?

① 마티니(Martini) ② 챔파리 앤 소다(Campari & Soda)
③ 스카치 앤 소다(Scotch & Soda) ④ 스팅거(Stinger)

13 다음 중 식사와는 관계없이 언제든지 마실 수 있는 올 데이 칵테일(All Day Cocktail)은?

① Irish Coffee ② Bacardi
③ Alexander ④ Martini

14 칵테일 조주에서 마지막에 소다수(Soda Water)를 넣게 되는데 이 때 탄산가스가 공기와 부딪히게 되면서 "피"하는 소리가 나는 데서 유래한 이름의 혼합주(Mixed-Drink)를 무엇이라고 하는가?

① 에그 넉(Egg Nog) ② 프라페(Frappe)
③ 코블러(Cobbler) ④ 피즈(Fizz)

15 신선한 라임(Lime)을 대량으로 사용한 시큼한 음료로서 설탕이 안 들어가며 다이어트나 당뇨병 환자 등에게 적당한 혼합주(Mixed Drink)는?
   ① 릭키(Rickey) ② 줄렙(Julep)
   ③ 펀치(Punch) ④ 슬링(Sling)

16 다음 중 주걱의 형태를 한 평평한 스테인리스 판에 나선형의 용수철을 장치한 칵테일(Cocktail) 기구는?
   ① Measure Cup ② Squeezer
   ③ Blender ④ Strainer

17 다음 중 칵테일의 주재료가 아닌 것을 고르면?
   ① 브랜디 ② 위스키
   ③ 버무스 ④ 보드카

18 다음 중 녹차의 제조(증건법) 순서로 옳은 것은?
   ① 증열 → 냉각 → 조유 → 유념 → 중유 → 정유 → 건조
   ② 냉각 → 조유 → 증열 → 정유 → 유념 → 중유 → 건조
   ③ 조유 → 증열 → 중유 → 냉각 → 정유 → 유념 → 건조
   ④ 증열 → 중유 → 유념 → 냉각 → 정유 → 조유 → 건조

19 다음 중 화이트 와인의 제조과정으로 옳은 것은?

① 제경파쇄 압착→공장→숙성→주스→포도수확→발효→병입 코르크 마개→여과→앙금분리→병 저장→출하
② 포도수확→주스→발효→제경파쇄 압착→공장→숙성→앙금분리→병입 코르크 마개→여과→병 저장→출하
③ 포도수확→공장→제경파쇄 압착→주스→발효→앙금분리→숙성→여과→병입 코르크 마개→병 저장→출하
④ 포도수확→공장→발효→앙금분리→숙성→제경파쇄 압착→주스→여과→병입 코르크 마개→병 저장→출하

20 커피가공에 관한 내용 중 자연건조법(건식법)에 대한 것으로 가장 부적절한 것은?

① 품질이 낮으면서 균일하지 못하다.
② 콩의 표면은 대체로 깨끗하다.
③ 친환경적이며 생산단가가 저렴하다.
④ 수분함량은 10~12% 정도이다.

21 다음 중 스파클링(Sparkling Wine : 발포성 와인)의 제조과정으로 옳은 것은?

① 포도 수확→압착→1차 발효→병입→혼합→2차 발효→분쇄→숙성 리들링→찌꺼기 제거→코르크 막기→병 숙성
② 포도 수확→1차 발효→혼합→병입→압착→2차 발효→분쇄→숙성 리들링→찌꺼기 제거→코르크 막기→병 숙성
③ 포도 수확→분쇄→압착→1차 발효→혼합→병입→2차 발효→숙성 리들링→찌꺼기 제거→코르크 막기→병 숙성
④ 포도 수확→분쇄→1차 발효→혼합→압착→병입→2차 발효→숙성 리들링→찌꺼기 제거→코르크 막기→병 숙성

22 다음 중 레드 와인용 포도 품종에 해당하지 않는 것을 고르면?

① 메를로(Merlot)
② 쉬냉 블랑(Chenin Blanc)
③ 가메(Garmay)
④ 그르나쉬(Grenache)

23 다음 중 와인의 보관방법에 관한 내용으로 가장 거리가 먼 것은?

① 와인 보존에 적합한 온도는 7~9℃ 정도이다.
② 병에 진동이 가해지게 되면 성숙 속도가 빨라져서 질의 저하를 초래하게 된다.
③ 온도 변화가 크면 와인은 쉽게 변질된다.
④ 와인에 적당한 습도는 70% 정도이다.

24 맥주의 제조원료 중 하나인 보리(Barley)에 대한 설명으로 가장 바르지 않은 것은?

① 95% 이상의 발아율이 있는 것
② 수분함유량은 10% 내외로 잘 건조된 것
③ 윤기와 광택이 있는 것
④ 단백질이 많은 것

25 다음 중 포터 맥주의 주정 도수는 얼마인가?

① 1~2%
② 3~4%
③ 5~6%
④ 7~8%

26 다음 중 맥주의 적당한 여름철 서비스 온도는?

① 1~3℃
② 4~8℃
③ 9~13℃
④ 15~19℃

27 다음 중 위스키의 산지에 대한 연결로서 바르지 않은 것은?

① 아메리칸 위스키(American Whisky) - 미국산 위스키
② 데니쉬 위스키(Danish Whisky) - 호주산 위스키
③ 스카치 위스키(Scotch Whisky) - 스코틀랜드산 위스키
④ 캐나디언 위스키(Canadian Whisky) - 캐나다산 위스키

28 다음 중 레몬 또는 오렌지 등의 과즙을 추출하기 위한 기구는 무엇인가?

① Pourer
② Mixing Glass
③ Bar Spoon
④ Squeezer

29 다음 중 칵테일 조주에 있어서의 기본으로 보기 가장 어려운 것은?

① 칵테일을 글라스에 따를 때에는 언제나 스트레이너를 사용할 필요는 없다.
② 칵테일 레시피에 의해서 명확하게 만들어야 한다.
③ 칵테일은 항상 깨끗하면서도 냉각된 글라스에 제공해야 한다.
④ 신선하면서도 깨끗한 얼음을 사용해야 한다.

30 다음 칵테일 재료에 관한 사항 중 주재료에 속하지 않는 것은 무엇인가?

① 리큐르
② 보드카
③ 버무스
④ 위스키

2 주장관리개론

정답 및 해설 P. 228

1 Cocktail용으로 쓰이는 술을 저장하거나 전시를 하기 위한 Bar는?
① 백 바
② 프론트 바
③ 레리트 바
④ 언더 바

2 바텐더가 지켜야 할 올바른 태도는?
① 고객 앞에서 개인적인 말을 한다.
② 고객 앞에서 불평불만을 한다.
③ 고객에게 속된 언어를 사용한다.
④ 고객에게 친절을 베풀되 지나치게 행동하는 것은 피한다.

3 서비스 할 때의 기본 수칙으로 틀린 것은?
① 맥주와 맥주 글라스는 반드시 차갑게 깨끗이 보관된 것을 서비스한다.
② 글라스는 반드시 상단부분을 잡는다.
③ 테이블에 글라스를 놓을 때는 소리를 내지 않도록 주의한다.
④ 칵테일 서비스시에는 머들러(Muddler)를 글라스에 꽂아서 서비스한다.

4 글라스 취급법에 대한 내용으로 적절하지 못한 것은?
① 글라스를 쥘 때는 반드시 밑부분을 잡고, 손잡이 달린 글라스는 손잡이 부분을 잡아야 한다.
② 글라스의 윗부분이나 글라스 안에 손가락을 넣어 잡아서는 안 된다.
③ 기둥이 있는 글라스(Stemmed Glass)를 손으로 운반할 때는 손잡이 부분을 손가락 사이에 끼워서 윗부분이 아래쪽으로 향하도록 거꾸로 든다.
④ 닦는 순서는 아래부터 닦는다.

5 라벨에 수확 연도를 표시한 와인은?
① 드라이 와인
② 빈티지 와인
③ 옐로우 와인
④ 테이블 와인

6 식욕을 촉진하기 위하여 식전에 마시는 와인으로 적합한 것은?
① White Wine
② Red Wine
③ Dry Sherry
④ Cream Sherry

7 식후에 케익과 함께 마시는 단맛의 와인으로 적합한 것은?
① 화이트 와인
② 크림 셰리
③ 레드 와인
④ 버무스

8 프랑스 와인이 아닌 것은?
① 보르고뉴(Bourgogne)
② 발 드 르와르(Val de Loire)
③ 라인가우(Rheingau)
④ 알사스(Alsace)

9 와인 마시는 순서로 틀린 것은?
① 가벼운 맛에서 진한 맛으로 마신다.
② 떫은맛에서부터 단맛으로 마신다.
③ 최근에 생산된 것에서부터 오래 숙성된 순으로 마신다.
④ 레드 와인부터 마시고 화이트 와인을 마신다.

10 맥주의 재료가 아닌 것은?
① 사탕수수
② 홉
③ 효모(Yeast)
④ 보리(Barley)

11 밀, 호밀, 옥수수, 감자, 귀리 등을 주 원료로 발효, 증류하여 만든 술로 무색, 무취, 무미의 특성을 가진 것은?
① 진
② 브랜디
③ 럼
④ 보드카

12 사탕수수를 주원료로 발효 및 증류하여 만든 맑고 순수한 증류주로 서인도제도가 원산지인 이것은?
① 진
② 브랜디
③ 럼
④ 보드카

13 칵테일의 기구 가운데 얼음을 담는 통을 가리키는 것은?
① 아이스 페일(Ice Pail)
② 아이스 셔벨(Ice Shovel)
③ 아이스 통(Ice Tongs)
④ 아이스 픽(Ice Pick)

14 칵테일의 제조 방법 중 잘못된 것은?
① 칵테일 레시피에 따라 정확하게 만든다.
② 신선하고 깨끗한 얼음을 사용한다.
③ 일정하고 정확한 용량의 사용을 위해 손으로 정량을 측정한다.
④ 칵테일을 글라스에 따를 때는 항상 스트레이너를 사용한다.

15 칵테일을 만들 때 가장 많이 함유된 기본이 되는 술을 가리키는 것은?

① 베이스(Base) ② 드롭(Drop)
③ 온스(Ounce) ④ 체이셔(Chaser)

16 칵테일 용어 중 트위스트(Twist)란?

① 칵테일 내용물이 춤을 추듯 움직임
② 과육을 제거하고 껍질만 짜서 넣음
③ 주류 용량을 잴 때 사용하는 기물
④ 칵테일의 2온스 단위

17 칵테일 재료 중 석류를 사용해 만든 시럽(Syrup)은?

① 플레인 시럽(Plain Syrup)
② 검 시럽(Gum Syrup)
③ 그레나딘 시럽(Grenadine Syrup)
④ 메이플 시럽(Maple Syrup)

18 브랜디 글라스(Brandy Glass)에 대한 설명으로 틀린 것은?

① 코냑 등을 마실 때 사용하는 튤립형의 글라스이다.
② 향을 잘 느낄 수 있도록 만들어졌다.
③ 기둥이 긴 것으로 윗부분이 넓다.
④ 스니프터(snifter)라고도 하며 밑이 넓고 위는 좁다.

19 Cocktail Shaker에 넣어 조주하는 것이 부적합한 재료는?
   ① 럼(Rum)   ② 소다수(Soda Water)
   ③ 우유(Milk)   ④ 달걀흰자

20 칵테일에 사용되는 주재료가 아닌 것은?
   ① 브랜디   ② 비터(Bitter)
   ③ 진   ④ 테킬라

3 기초영어

1 What is the negative characteristic in taste and finish of wine?

① flat
② full-bodied
③ elegant
④ pleasant

2 "As Wine ages, Its original aroma changes with maturity"에 해당하는 뜻은 다음 중 어느 것인가?

① Growth
② Brilliant
③ Bouquet
④ Delicate

3 What is a tumbler?

① A flat-bottomed glass without stem
② Footed ware
③ Stemware
④ Beer mug

4 다음 ( ) 안에 적당한 단어는?

> Yeast itself does not cause fermentation. But it serves as a ( ) to release certain enzymes which make possible the chemical reactions of fermentation.

① catalyst
② solvent
③ material
④ sedative

5 다음 문장에서 의미하는 것은?

> This is produced in Italy and made with apricot and almonde.

① Amaretto ② Absinthe
③ Anisette ④ Angelica

6 Which is the correct one as a base of Rusty nail in the following?

① Gin ② Whisky
③ Rum ④ Vodka

7 다음 중에서 소프트 드링크에 해당되지 않는 것은?

① Lemon squash ② Ginger ale
③ wine cooler ④ Lemonade

8 Shaker is composed of three parts. Which of the following is not one of them?

① cap ② top
③ strainer ④ body

9 다음에서 설명하는 Bitters는?

> It is made from a Trinidadian secret recipe.

① Peychaud's Bitters ② Abbott's Aged Bitters
③ Orange Bitters ④ Angostra Bitters

10 Which is the syrup made by pomegranate?

① Maple Syrup   ② Strawberry

③ Grenadine Syrup   ④ Almond Syrup

chapter 02 제2회 모의고사

1. 양주학개론

정답 및 해설 P. 232

1. 다음 중 레드와인의 제조과정으로 가장 적절한 것은?
   ① 포도수확→공장→제경파쇄 전 발효→앙금분리→후 발효→압착→여과→병입→숙성→병 저장→코르크마개→출하
   ② 포도수확→공장→제경파쇄 전 발효→압착→후 발효→앙금분리→숙성→여과→병입→코르크마개→병 저장→출하
   ③ 포도수확→제경파쇄 전 발효→공장→후 발효→압착→앙금분리→숙성→코르크마개→병 저장→여과→병입→출하
   ④ 공장→제경파쇄 전 발효→포도수확→압착→후 발효→앙금분리→숙성→여과→병입→코르크마개→병 저장→출하

2. 커피가공에 관한 내용 중 물 세척법(습식법)에 대한 사항으로 가장 옳지 않은 것은?
   ① 품질이 높다.
   ② 수분함량은 11~13% 정도이다.
   ③ 단맛과 쓴맛의 특성이 잘 나타난다.
   ④ 균일하다.

3. 다음 중 포터파이드 와인(Fortified Wine : 주정강화 와인)의 제조과정으로 옳은 것은?
   ① 포도 수확→분쇄→숙성→압착→발효→혼합→병입→여과→주정 첨가→병 숙성
   ② 포도 수확→분쇄→압착→발효→숙성→주정 첨가→여과→혼합→병입→병 숙성
   ③ 포도 수확→발효→숙성→분쇄→주정 첨가→압착→여과→혼합→병입→병 숙성
   ④ 포도 수확→숙성→주정 첨가→압착→발효→여과→분쇄→혼합→병입→병 숙성

4 다음 중 화이트 와인용 포도 품종으로 바르지 않은 것은?

① 알리고떼(Aligote) ② 뮈스카데(Muscadet)
③ 리스링(Riesling) ④ 그르나쉬(Grenache)

5 칵테일에 관한 내용 중 글라스 구입에 대한 것으로 가장 거리가 먼 것은?

① 글라스를 구입할 때에는 화려한 디자인의 것이나 색깔 등이 없는 것은 피하는 것이 좋다.
② 전반적인 모양 및 균형 등을 살피면서 특히 입에 닿는 테두리 부분이 똑바로 처리되었는지를 확인해야 한다.
③ 마실 때에 입이 닿는 테두리 부위에 특별한 무늬나 빛깔 등이 없는 것이 좋다.
④ 글라스 표면에 기포가 없어야 하고 무색투명해야 한다.

6 증류주는 양조주를 다시금 증류시켜서 알코올 도수를 높인 술을 의미하는데, 다음 중 증류주의 알콜 함유량으로 옳은 것은?

① 1~6% ② 2~10%
③ 3~15% ④ 4~20%

7 12세기경에 최초로 아일랜드에서 보리를 발효하여 증류시켜 만든 술을 무엇이라고 하는가?

① 브랜디 ② 위스키
③ 데킬라 ④ 보드카

8 다음 중 성격이 다른 하나는?

① 증류주 ② 양조주
③ 청량음료 ④ 혼성주

9 다음 중 에일 비어(Ale Beer)라고도 하며, 15~20℃의 고온에서 발효시켜 효모가 위로 떠오르게 하는 방식의 맥주를 무엇이라고 하는가?
   ① 상면발효맥주   ② 중면발효맥주
   ③ 하면발효맥주   ④ 평면발효맥주

10 다음 중 세계 6대 증류주에 속하지 않는 것은?
   ① 테킬라   ② 럼
   ③ 와인   ④ 진

11 다음 중 캐나디언 위스키(Canadian Whisky)에 대한 내용으로 부적절한 것은?
   ① 캐나디언 위스키는 캐나다에서 생산되는 위스키의 총칭이다.
   ② 연속식 증류법을 활용해서 가격이 저렴하다.
   ③ 아메리칸 위스키에 비해 호밀 사용량이 적다.
   ④ 오크통에서 4년 이상을 숙성함을 원칙으로 한다.

12 다음 진(Gin)에 대한 내용 중 성격이 다른 하나는?
   ① 비피터(Beefeater)   ② 텐커레이(Tenqueray)
   ③ 봄베이 진(Bombay Gin)   ④ 실버 톱(Silver Top)

13 다음 중 골드 테킬라에 대한 내용으로 옳지 않은 것은?
   ① 풀케를 단식 증류법의 방식으로 화이트 오크통에 약 1달 정도 저장하고 활성탄으로 정제한 것을 말한다.
   ② 오크통에서 1년 동안 숙성시킨 것을 아네조(Anejo)라고 한다.
   ③ 오크통에서 2~4년 동안 숙성시킨 것을 뮈 아네조(Muy Anejo)라고 한다.
   ④ 장기간 동안 저장하는 것이 특징이다.

14 다음 럼(Rum)에 대한 내용 중 당액을 5~9일 정도 발효하며, 연속식 증류법을 통해서 증류한 후에 약 1년 정도 저장 및 숙성 과정 등을 거치는 것은?

① 헤비 럼(Heavy Rum) ② 미디엄 럼(Medium Rum)
③ 라이트 럼(Light Rum) ④ 뉴 라이트 럼(New Light Rum)

15 다음 중 쿠바 및 푸에르토리코가 생산지로 유명한 럼(Rum)은 무엇인가?

① 라이트 럼(Light Rum) ② 미디엄 럼(Medium Rum)
③ 헤비 럼(Heavy Rum) ④ 뉴 라이트 럼(New Light Rum)

16 다음 중 보드카에 대한 설명으로 바르지 않은 것은?

① 보드카는 곡물과 감자, 고구마 등을 당화시켜서 발효한다.
② 연속식 증류법을 통하여 100%의 주정을 만든다.
③ 특별한 경우에 모래 여과를 추가로 하기도 하는데, 이러한 여과 과정으로 인해 보드카는 무미, 무색, 무취의 특성을 지니고 있다.
④ 보드카는 러시아의 민속주로서 '생명의 물'이라는 의미로 쓰인다.

17 우리나라의 전통주로 누룩 및 고두밥 등을 물과 적당한 비율로 섞은 다음에 15일 정도 발효시킨 것을 무엇이라고 하는가?

① 선운산 복분자주 ② 금산 인삼주
③ 안동소주 ④ 감홍로

18 다음 중 칵테일에 작은 얼음 및 내용물 등을 거르기 위해 활용하는 기구는?

① Bar Spoon ② Muddler
③ Rimmer ④ Strainer

19. 다음 화이트 와인 품종 중 하나인 리슬링(Riesling)에 관한 내용으로 가장 바르지 않은 것은?
   ① 통상적으로 기후가 서늘한 곳에서 잘 번성하게 된다.
   ② 포도당의 잔류량을 기준으로 해서 단맛의 차이가 없다.
   ③ 껍질은 두껍고 포도 특유의 맛을 좀더 강하게 느낄 수 있는 와인이다.
   ④ 독일의 라인강 유역이 원산지이다.

20. 다음 괄호 안에 들어갈 말로 가장 적절한 것을 고르면?

   커피 재배의 조건에서 연평균 기온은 섭씨 ( )가 적합하다.

   ① 18~24℃　　　　　　　　② 20~28℃
   ③ 25~30℃　　　　　　　　④ 27~33℃

21. 다음 중 양조주(Fermented Liquor)에 해당하지 않는 것은?
   ① 맥주　　　　　　　　② 막걸리
   ③ 청주　　　　　　　　④ 발효유

22. 다음 중 하면발효효모의 발효온도는?
   ① 3~5℃　　　　　　　　② 6~8℃
   ③ 10~13℃　　　　　　　④ 15~20℃

23 다음 차의 종류에 관한 내용 중 찻잎을 따는 시기에 따른 구분으로 잘못 설명한 것은?

① 우전(雨前) – 곡우 이전의 어린잎을 따서 만든 극세작의 차를 말한다.
② 세작(細雀) – 곡우와 입하 사이에 따서 만든 상품의 차를 말한다.
③ 중작(中雀) – 입하 이후 6월 하순 정도에 따는 차를 말한다.
④ 대작(大雀) – 11월 초순에서 중순사이에 따는 차를 말한다.

24 다음 중 차 도구의 종류를 설명한 것으로 바르지 않은 것은?

① 차호 – 차를 담아두는 통
② 다건 – 물 버림 그릇
③ 차시 – 차 숟가락
④ 찻잔 – 차를 따라 마시는 잔

25 다음 커피에 관한 내용 중 블렌딩의 기본원칙으로 바르지 않은 것은?

① 배전단계와 특징별로 분류
② 맛의 조화 및 개성 등을 강조
③ 활용하는 커피를 특성별로 분류
④ 생두의 크기 및 건조 상태 등이 일정하지 않은 것을 선택

26 다음 중 와인 보관 시 적정한 습도는?

① 70% 정도　　　　　　② 50% 정도
③ 30% 정도　　　　　　④ 10% 정도

27 다음 중 화이트 와인의 적정온도는?

① 22~27℃　　　　　② 15~20℃
③ 10~12℃　　　　　④ 6~9℃

28 다음 중 생맥주의 서비스 온도는 얼마인가?

① 15~19℃　　　　　② 11~13℃
③ 7~10℃　　　　　　④ 3~4℃

29 다음 중 10~15분 내에 마셔야만 제 맛을 느낄 수 있는 순수한 의미의 칵테일은?

① 롱 드링크　　　　② 쇼트 드링크
③ 미들 드링크　　　④ 퍼스트 드링크

30 다음 중 성격이 다른 하나는?

① 파인애플 주스　　② 토마토 주스
③ 소다 워터　　　　④ 오렌지 주스

② 주장관리개론

정답 및 해설 P. 238

1 칵테일의 분류 중 맛에 따른 분류에 속하지 않는 것은?

① 스위트 칵테일(Sweet Cocktail)
② 샤워 칵테일(Sour Cocktail)
③ 드라이 칵테일(Dry Cocktail)
④ 아페리티프 칵테일(Aperitif Cocktail)

2 June bug 칵테일의 재료가 아닌 것은?

① vodka
② coconut flavored Rum
③ blue curacao
④ sweet & sour Mix

3 Long drink가 아닌 것은?

① Pina colada
② Manhattan
③ Singapore Sling
④ Rum Punch

4 Standerd recipe를 지켜야 하는 이유로 가장 거리가 먼 것은?

① 다양한 맛을 낼 수 있다.
② 객관성을 유지할 수 있다.
③ 원가책정의 기초로 삼을 수 있다.
④ 동일한 제조 방법으로 숙련할 수 있다.

5 Champagne 서브 방법으로 옳은 것은?
① 병을 미리 흔들어서 거품이 많이 나도록 한다.
② 0~4℃ 정도의 냉장온도로 서브한다.
③ 쿨러에 얼음과 함께 담아서 운반한다.
④ 가능한 코르크를 열 때 소리가 크게 나도록 한다.

6 식사 중 여러 가지 와인 서빙시 적합한 방법이 아닌 것은?
① 화이트 와인은 레드 와인보다 먼저 서비스한다.
② 드라이 와인을 스위트 와인보다 먼저 서비스한다.
③ 마시기 가벼운 와인을 맛이 중후한 와인보다 먼저 서비스한다.
④ 숙성기간이 오래된 와인을 숙성기간이 짧은 와인보다 먼저 서비스한다.

7 디켄터(Decanter)를 필요로 하는 것은?
① White wine　　　　② Rose wine
③ Brandy　　　　　　④ Red wine

8 주장요원의 업무규칙에 부합하지 않는 것은?
① 조주는 규정된 레시피에 의해 만들어져야 한다.
② 요금의 영수 관계를 명확히 하여야 한다.
③ 음료의 필요재고보다 두 배 이상의 재고를 보유하여야 한다.
④ 고객의 음료 보관 시 명확한 표기와 보관을 책임진다.

9 Bar 종사원의 올바른 태도가 아닌 것은?

① 영업장내에서 동료들과 좋은 인간관계를 유지한다.
② 항상 예의 바르고 분명한 언어와 태도로 고객을 대한다.
③ 고객과 정치성이 강한 대화를 주로 나눈다.
④ 손님에게 지나친 주문을 요구하지 않는다.

10 개봉한 뒤 다 마시지 못한 와인의 보관방법으로 옳지 않은 것은?

① vacuum pump로 병 속의 공기를 빼낸다.
② 코르크로 막아 즉시 냉장고에 넣는다.
③ 마개가 없는 디캔터에 넣어 상온에 둔다.
④ 병속에 불활성 기체를 넣어 산소의 침입을 막는다.

11 주장 원가의 3요소는?

① 인건비, 재료비, 주장경비
② 재료비, 주장경비, 세금
③ 인건비, 봉사료, 주장경비
④ 주장경비, 세금, 봉사료

12 탄산음료나 샴페인을 사용하고 남은 일부를 보관 할 때 사용되는 기물은?

① 스토퍼　　　　　　② 포우러
③ 코르크　　　　　　④ 코스터

13 다음에서 주장관리 원칙과 가장 거리가 먼 것은?
① 매출의 극대화　　　　② 청결유지
③ 분위기 연출　　　　　④ 완벽한 영업 준비

14 선입선출(FIFO)의 원래 의미로 맞는 것은?
① First-in, First-on　　② First-in, First-off
③ First-in, First-out　　④ First-inside, First-on

15 코스터(Coaster)란?
① 바용 양념세트　　　　② 잔 밑받침
③ 주류 재고 계량기　　　④ 술의 원가표

16 화이트와인 서비스과정에서 필요한 기물과 가장 거리가 먼 것은?
① Wine cooler　　　　　② Wine stand
③ Wine basket　　　　　④ Wine opener

17 구매관리와 관련된 원칙에 대한 설명으로 옳은 것은?
① 나중에 반입된 저장품부터 소비한다.
② 한꺼번에 많이 구매한다.
③ 공급업자와의 유대관계를 고려하여 검수 과정은 생략한다.
④ 저장창고의 크기, 호텔의 재무상태, 음료의 회전을 고려하여 구매한다.

18. 칵테일을 컵에 따를 때 얼음이 들어가지 않도록 걸러주는 기구는?
    ① Shaker   ② strainer
    ③ stick   ④ blender

19. 주장(Bar)에서 기물의 취급방법으로 틀린 것은?
    ① 금이 간 접시나 글라스는 규정에 따라 폐기한다.
    ② 은기물은 은기물 전용 세척액에 오래 담가두어야 한다.
    ③ 크리스털 글라스는 가능한 손으로 세척한다.
    ④ 식기는 같은 종류별로 보관하며 너무 많이 쌓아두지 않는다.

20. 와인의 마개로 사용되는 코르크 마개의 특성으로 가장 거리가 먼 것은?
    ① 온도변화에 민감하다.
    ② 코르크 참나무의 외피로 만든다.
    ③ 신축성이 뛰어나다.
    ④ 밀폐성이 있다.

3 기초영어

1. Which one is distilled from fermented fruit?
   ① Gin
   ② Wine
   ③ Brandy
   ④ Whisky

2. 밑줄 친 it에 해당하는 술은?

   It is colorless, tasteless, and odorless spirits.

   ① gin
   ② vodka
   ③ white rum
   ④ tequila

3. 아래의 ( ) 안에 적합한 단어는?

   A bartender should be ( ) with the English names of all stores of liquors and mixed drinks.

   ① familiar
   ② warm
   ③ use
   ④ accustom

4. Select the one which does not belong to aperitif.
   ① Sherry wine
   ② Campari
   ③ Kir
   ④ Port wine

5 Which of the following is not scotch whisky?

① Cutty Sark ② White Horse
③ John Jameson ④ Royal Salute

6 First come first serve의 의미는?

① 선착순 ② 시음회
③ 선불제 ④ 연장자순

7 다음 중 다른 보기들과 의미가 다른 하나는?

① May I take your order?
② Are you ready to order?
③ What would you like, Sir?
④ How would you like, Sir?

8 "All tables are booked tonight"과 의미가 같은 것은?

① All books are on the table.
② There are a lot of tables here.
③ All tables are very dirty tonight.
④ There aren't any available tables tonight.

9 고객과 종업원간의 대화에서 (   )안에 알맞은 것은?

> W : Welcome to Toscana restaurant.
> G : Do you have a table for three?
> W : Sorry. All the tables are occupied for now. Would you wait for a while in front of restaurant?
> G : Ok.
> ———————— a few minute later ————————
> W : (   ) We have a table for you.

① I am sorry to have kept you waiting.
② I am sorry to kept your wait.
③ I am sorry to have not kept you waiting.
④ I am sorry not to keep you waiting.

10 (   ) 안에 가장 적합한 단어는?

> I am afraid you might lose your (   ), if you drink too much aperitif wine.

① glass
② dish
③ appetite
④ dessert

chapter 03 정답 및 해설

1 제1회 정답 및 해설

정답 및 해설　　　　　　　　　　　　　　　　　　　　　　　　　　제1회 양주학개론

1.②	2.①	3.④	4.②	5.②	6.③	7.④	8.②	9.③	10.③
11.②	12.④	13.②	14.④	15.①	16.④	17.③	18.①	19.③	20.②
21.③	22.②	23.①	24.④	25.③	26.②	27.②	28.④	29.①	30.③

1　①③④번은 증류주에 속하며, ②번은 청량음료에 속한다.
　　※ 음료의 구분

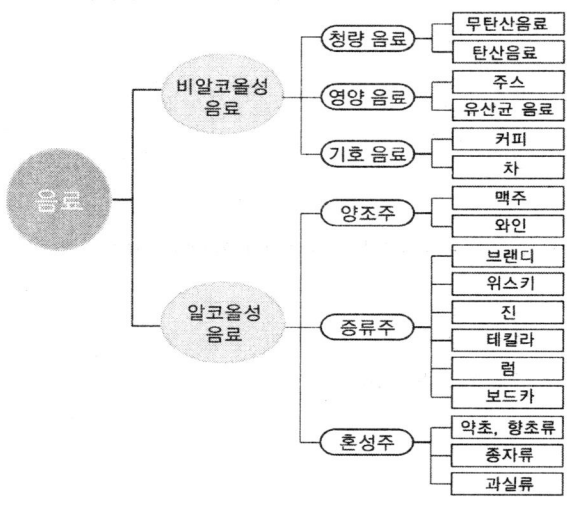

2　맥주 및 와인은 양조주에 해당한다.

3　알코올성 음료는 순수 알코올이 1% 이상 함유된 음료를 의미한다.

4　라거 비어는 대표적인 하면발효맥주이다.

※ 상면발효맥주
  ㉠ 개념 : 발효 중 액의 표면에 떠오르는 상면발효효모를 활용해서 비교적 고온에서 발효시킨 맥주로서 주로 영국에서 많이 생산되고 있다.
  ㉡ 종류
   • 포터(Porter) : 색은 검지만, 쓴맛이 덜 강한 영국의 포터(Porter : 짐을 운반하는 사람)들이 즐겨 마시던 흑맥주를 의미하고 포터 맥주의 주정 도수는 5~6%이다.
   • 에일 맥주(Ale Beer) : 호프를 많이 넣어 쓴맛이 강하고 거품이 적으며 영국에서 주로 생산되는 맥주를 의미한다.
   • 스타우트 맥주(Stout Beer) : 상면발효효모에 의해 영국에서 만들어지는 맥주로서 맥아를 담색의 것보다 더욱 더 강하게 볶아서 그 속에 함유된 당분이 캐러멜화 되도록 만든 것을 말한다. 살균이 되고 주정 도수가 6~8% 정도로 강한 흑맥주이다.

5 하면발효맥주는 세계 맥주 생산량의 대략 $\frac{3}{4}$ 정도를 차지하며 비교적 저온에서 발효시킨 맥주로서 주정 도수는 3~4%이다.

6 올드 부쉬밀스(Old Bushmills)는 아이리쉬 위스키(Irish Whisky)에 속한다.
※ 캐나디안 위스키(Canadian Whisky)
 • 씨그램스 V.O(Seagram's V.O)
 • 크라운 로얄(Crown Royal)
 • 블랙 벨벳(Black Velvet)
 • 씨그램스 7(Seagram's 7)
 • 캐나디안 클럽(Canadian Club)

7 ①②③번은 스카치 위스키(Scotch Whisky)에 속하며, 존 제임슨(John Jameson)은 아이리쉬 위스키(Irish Whisky)에 속한다.

8 보드카(Vodka)는 러시아 사람들이 아주 차게 해서 스트레이트로 단숨에 마시는 것으로 대표적인 상표로는 스톨로바야(Stolovaya), 핀란디아(Finlandia), 스톨리치나야(Stolichnaya), 모스코프스카야(Moskovshaya), 스미노프(Smirnoff) 등이 있다.

9 꼬앙뜨루(Coingreau)는 브랜디에 오렌지 껍질을 넣어 만든 프랑스산 혼성주로서, 오렌지성 리큐르 중에서 최고급 리큐르에 속한다.

10 ③번은 체리를 주원료로 해서 만든 혼성주이다.

※ 오렌지를 주원료로 한 혼성주
- 큐라소(Curocao)
- 꼬앙뜨루(Coingreau)
- 트리플 섹(Triple Sec)
- 그랑 마니에(Grand Marnier)

※ 체리를 주원료로 한 혼성주
- 피터 헤링(Peter Heering)
- 체리 브랜디(Cherry Brandy)

※ 약초, 향초류 등을 주원료로 한 혼성주
- 비앤비(B&B)
- 쿰멜(Kummel)
- 페르노(Pernod)
- 드람뷰(Drambuie)
- 아니세트(Anisette)
- 갈리아노(Galliano)
- 베네딕틴(Benedictine)
- 샤르뜨르즈(Chartreuse)
- 아이리쉬 미스트(Irish Mist)

11 칵테일의 경우 얼음에 잘 냉각되어 있지 않으면 안 된다.

12 ④ 식후 칵테일에 해당한다.

13 대표적인 올 데이 칵테일로는 마가리타(Margarita), 바카르디(Bacardi) 등이 있다. ①③은 식후 칵테일에 속하며, ④는 식전 칵테일에 속한다.

14 피즈(Fizz)는 리큐르를 베이스로 해서 레몬 주스, 설탕 및 소다수 등을 혼합하고 과일을 장식한 칵테일을 의미한다.

15 릭키(Rickey)는 라임을 대량으로 사용한 시큼한 음료로서 설탕이 안 들어가서 다이어트나 당뇨병 환자 등에게 적당하다. 증류주를 기주로 해서 라임주스, 소다수, 얼음 등을 섞어 만든 음료를 의미한다.

16 스트레이너(Strainer)는 믹싱 글라스에서 제조된 칵테일을 글라스에 따를 때에 얼음이 흘러나오지 않도록 막아주는 역할을 하는 기구를 말한다.

17 ③은 부재료에 속한다.
※ 칵테일의 주재료
- 보드카
- 리큐르
- 브랜디
- 위스키
- 맥주
- 럼
- 진
- 와인
- 테킬라

※ **칵테일의 부재료**
- 비터
- 청량음료
- 과일
- 소스
- 설탕
- 우유 및 유제품
- 소금
- 꿀
- 버무스
- 시럽
- 야채
- 향료
- 얼음
- 후추
- 계란
- 커피

18 **녹차의 제조(증건법) 순서**
증열 → 냉각 → 조유 → 유념 → 중유 → 정유 → 건조

19 **화이트 와인 제조과정**
포도수확(포도원) → 공장 → 제경파쇄(줄기를 골라내고 포도를 으깸) 압착 → 주스 → 발효 → 앙금분리(걸러내기) → 숙성 → 여과 → 병입 코르크 마개 → 병 저장 → 출하

20 ② 자연건조법(건식법)에서의 콩 표면은 깨끗하지 않다.

	Dry(Natural) processing	Wet processing
명칭	건식법, 자연건조법	습식법, 수세식
장점	생산단가가 싸고, 친환경적이다.	품질이 높고 균일하다.
단점	품질이 낮고, 균일하지 않다.	물을 많이 사용함으로써 환경오염이 우려된다.
맛의 특성	단맛과 쓴맛의 특성이 잘 나타나며 바디가 강하고 복합적인 맛이 난다.	신맛의 특성이 잘 나타나고 향이 좋고 맛이 깔끔하며, 섬세하다.
콩의 표면	깨끗하지 않다.	비교적 깨끗하다.
적용	아라비카의 일부, 대부분의 로부스타	대부분의 아라비카
수분 함량	10~12%	11~13%
국가	브라질, 에디오피아, 예멘, 인도네시아	콜롬비아, 코스타리카, 케냐, 과테말라

21 **스파클링(Sparkling Wine : 발포성 와인)의 제조과정**
포도 수확 → 분쇄 → 압착 → 1차 발효 → 혼합 → 병입 → 2차 발효 → 숙성 리들링 → 찌꺼기 제거 → 코르크 막기 → 병 숙성

22 레드 와인용 포도 품종
- 가메(Garmay)
- 진판델(Zinfandel)
- 메를로(Merlot)
- 그르나쉬(Grenache)
- 피노 느와(Pinot Noir)
- 카베르네 소비뇽(Cabernet Sauvignon)

23 와인의 보존에 있어 적합한 온도는 10~14℃ 정도이다.

※ 와인의 보관방법

보관 조건	보관 방법
고온	와인 보존에 적합한 온도는 10~14℃ 정도로 온도가 높으면 빨리 숙성되어 변질되기 쉽고, 온도가 너무 낮으면 숙성이 멈춘다.
건조	습도가 낮으면 코르크가 건조해져 배기 어려워지고 미생물이 침입하기 쉬워진다. 와인에 적당한 습도는 70% 정도이다.
온도변화	온도 변화가 크면 와인은 쉽게 변질된다. 가능한 한 온도 변화가 적은 장소가 적합하다.
냄새	다른 냄새가 있으면 와인에 그 냄새가 옮겨져 와인의 독특한 향기가 사라진다.
빛	형광등이나 햇빛은 와인의 질을 떨어뜨린다. 와인 병에는 광선을 차단시키는 물질이 사용되어 있지만 대체로 주의 할 필요가 있다.
진동	병에 진동이 가해지면 성숙 속도가 빨라져 질의 저하를 초래한다.
남은 와인	와인은 마개를 딴 그 날 안으로 다 마시는 것이 원칙이다. 공기에 접촉된 상태로 두게 되면 산화가 진행되어 와인의 풍미를 느낄 수 없게 된다. 마시지 못해 3~4일이 지난 것은 와인으로 마시기보다는 요리에 쓰도록 한다.

24 단백질이 많게 되면 맥주가 탁하고 맛이 나쁘게 되므로 단백질이 적은 것이어야 한다.

25 포터 맥주는 색깔은 검지만, 쓴맛이 덜 강한 영국의 포터(Porter : 짐을 운반하는 사람)들이 즐겨 마시던 흑맥주로, 주정 도수는 대략 5~6% 정도이다.

26 일반적인 맥주의 여름철 서비스 온도는 4~8℃이다.

27 ② 데니쉬 위스키(Danish Whisky)는 덴마크산 위스키이다.

28 스퀴저(Squeezer)는 중앙에 나선형의 돌기가 있어서 레몬이나 오렌지 등을 반절로 잘라서 절단면을 여기에 대고 눌러 돌리면서 과즙을 짜내게 되는 기구를 말한다.

29 ① 칵테일을 글라스에 따를 때에는 항상 스트레이너를 사용한다.

30 ③ 칵테일 재료 중 부재료에 속한다.

정답 및 해설 — 제1회 주장관리개론

1.①	2.④	3.②	4.④	5.②	6.③	7.②	8.③	9.④	10.①
11.④	12.③	13.①	14.③	15.①	16.②	17.③	18.③	19.②	20.②

1 ① 백 바(Back Bar)는 술의 저장 및 전시를 하기 위한 바(Bar)로서 글라스 등을 전시하기도 한다.

2 ④ 또한 고객이 도움을 필요로 할 때는 망설이지 말고 도와주며, 고객이 이야기할 때는 중단시키지 말고 주의 깊게 경청한다.
①②③은 피해야 할 행동이다.

3 ② 글라스는 위생상 반드시 1/3하단 쪽을 손끝으로 가볍게 쥐어야 하며 물잔(Water Glass) 또는 포도주잔(Wine Glass) 우측 아래에 놓는다.

4 ④ 닦는 순서는 윗부분부터 안팎을 닦은 후, 손잡이 부분과 밑바닥을 차례대로 물기가 없도록 깨끗하게 닦는다.

5 ② 빈티지 와인(Vintage Wine)은 풍년이 들어 수확이 좋은 해의 포도로 만든 와인으로, 라벨에 수확 연도를 표시한다.

6 ③ 식전 와인(Aperitif Wine)은 식욕을 촉진하기 위하여 식전에 마시는 와인으로, 드라이 셰리(Dry Sherry)나 버무스(Vermouth)가 이에 해당된다.

7 ② 식후에 케익과 함께 마시는 단맛의 와인으로 포트 와인(Port Wine), 크림 셰리(Cream Sherry) 등이 이에 해당된다.

8 ③ 라인가우(Rheingau)는 모젤 지역과 함께 세계적으로 유명한 화이트 와인을 생산하는 독일의 2대 포도 생산지이다.

9 ④ 레드 와인은 화이트 와인에 비해 깊은 맛을 지니고 있어 레드 와인을 먼저 마셔 버리면 그 느낌이 혀에 남아 화이트 와인의 과일 향을 충분히 즐길 수가 없다. 따라서 화이트 와인부터 마시고 레드 와인을 마시는 것이 적절하다.

10 ① 맥주는 보리로 만든 대맥아를 발효시켜서 쓴맛을 내게 하는 홉, 물, 효모를 첨가하여 만든 탄산가스가 함유된 알코올성 음료이다.

11 ④ 보드카는 밀, 호밀, 옥수수, 감자, 귀리 등을 주 원료로 발효, 증류하여 만든 술로 무색, 무취, 무미의 특성을 가진다.

12 ③ 서인도제도가 원산지인 럼은 영국의 선원과 해군들의 사랑을 흠뻑 받던 낭만의 술로, 사탕수수를 주원료로 발효 및 증류하여 만든 맑고 순수한 증류주이다.

13 ① 아이스 페일(Ice Pail)은 얼음을 담는 통을 말한다.

14 ③ 일정하고 정확한 용량의 사용을 위해 항상 지거(Jigger : 메저 컵)를 사용한다.

15 ① 베이스(Base)는 칵테일을 만들 때 가장 많이 함유된 기본이 되는 술을 말한다.

16 ② 트위스트는 레몬이나 오렌지를 칵테일에 장식하기 위하여 과육을 제거하고 껍질만 짜서 넣는 것을 말한다.

17 ③ 석류를 사용해 만든 시럽(Syrup)은 그레나딘 시럽(Grenadine Syrup)이다.

18 ③ 브랜디 글라스는 서양 배 형태의 몸통 부분이 넓고 입구가 좁은 튤립형의 글라스이다.

19 ② 소다수는 음료수에 탄산가스를 포함시킨 것으로 셰이커의 재료로는 부적합하다.

20 ② 칵테일의 주재료로는 위스키, 브랜디, 진, 보드카, 럼, 테킬라, 와인, 리큐르, 맥주 등이 있다. 비터(Bitter)는 식전 음료나 칵테일의 부재료로 많이 사용된다.

정답 및 해설									제1회 기초영어
1.①	2.③	3.①	4.①	5.①	6.②	7.③	8.②	9.④	10.③

1 ① 밋밋한, 김이 빠진
② 맛이 풍부한
③ 우아한, 품위있는, 세련된
④ 쾌적한, 즐거운, 기분 좋은

2 ③ 와인이 시간이 지나면서, 본래의 향이 성숙해진다는 뜻으로(포도주·술 따위의) 방향, 향기를 뜻하는 Bouquet가 정답이다.
① 성장
② 훌륭한, 멋진
④ 연약한, 섬세한

3 ① Tumbler는 "굽이나 손잡이가 없는 컵"을 말한다.

4 「효모 자체는 발효를 일으키지 않지만, 어떤 효소의 발효의 화학 반응을 만드는 기폭제로서 작용을 한다.」
② 용제, 용액
③ 물질
④ 진정제
※ yeast : 효모
　 fermentation : 발효
　 catalyst : 촉매(제)
　 enzyme : 효소

5 ① 아마레또(Amaretto)에 관한 설명이다.
※ apricot : 살구
　 almonde : 아몬드

6 ② 러스티 네일(Rusty Nail)은 위스키에 드란브이를 섞어서 만든 단맛이 나는 칵테일이다.

7 ③ 와인을 베이스로 사용한 칵테일이다.
   ① 레몬스쿼시(Lemon Squash)s는 레몬에 탄산수를 넣어 만든 것이다.
   ② 진저에일은 알코올 성분은 포함되어 있지 않다.
   ④ 레몬 탄산음료이다.

8 ② 셰이커는 Cap, Strainer, Body의 세부분으로 나누어져 있다.

9 ④ 앙고스트라 비터(Angostra Bitters)에 대한 설명이다.

10 ③ 석류(Pomegranate)에 의해 만들어진 시럽은 그레나딘 시럽(Grenadine syrup)이다.
   ① 사탕단풍나무의 수액으로 만든 시럽

제2회 정답 및 해설

정답 및 해설   제2회 양주학개론

1.②	2.③	3.②	4.④	5.①	6.③	7.②	8.③	9.①	10.③
11.③	12.②	13.①	14.②	15.①	16.②	17.③	18.④	19.②	20.①
21.④	22.②	23.④	24.②	25.④	26.①	27.③	28.④	29.②	30.③

1 레드와인의 제조과정
포도수확(포도원) → 공장 → 제경파쇄(줄기를 골라내고 포도를 으깸) 전 발효 → 압착 → 후 발효 → 앙금분리 → 숙성 → 여과 → 병입 → 코르크마개 → 병 저장 → 출하

2 ③은 자연건조법(건식법)에 대한 내용이다.

	Dry(Natural) processing	Wet processing
명칭	건식법, 자연건조법	습식법, 수세식
장점	생산단가가 싸고, 친환경적이다.	품질이 높고 균일하다.
단점	품질이 낮고 균일하지 않다.	물을 많이 사용하므로 환경오염이 우려된다.
맛의 특성	단맛과 쓴맛의 특성이 잘 나타나며, 바디가 강하고 복합적인 맛이 난다.	신맛의 특성이 잘 나타나고 향이 좋고 맛이 깔끔하며, 섬세하다.
콩의 표면	깨끗하지 않다.	비교적 깨끗하다.
적용	아라비카의 일부, 대부분의 로부스타	대부분의 아라비카
수분 함량	10~12%	11~13%
국가	브라질, 에디오피아, 예멘, 인도네시아	콜롬비아, 코스타리카, 케냐, 과테말라

3 포터파이드 와인(Fortified Wine : 주정강화 와인)의 제조과정
포도 수확 → 분쇄 → 압착 → 발효 → 숙성 → 주정 첨가 → 여과 → 혼합 → 병입 → 병 숙성

4 ④ 레드 와인용 포도 품종에 속한다.
※ 화이트 와인용 포도 품종
- 리스링(Riesling)
- 세미용(Semillion)
- 뮈스카데(Muscadet)
- 샤르도네(Chardonnay)
- 알리고떼(Aligote)
- 피노 블랑(Pinot Blanc)
- 쉬냉 블랑(Chenin Blanc)

5　① 글라스를 구입할 때에는 화려한 디자인의 것이나 색깔 등이 있는 것은 피하는 것이 좋다.

6　증류주의 알콜 함유량은 3~15%이며, 이에는 위스키, 브랜디, 진, 보드카, 럼, 테킬라 등이 있다.

7　생명의 물을 뜻하는 "위스키(whisky)"는 12세기경에 최초로 아일랜드에서 보리를 발효하여 증류시켜 만든 술이다. 보리와 밀, 옥수수 등의 곡류를 원료로 하여 증류시킨 것으로 알코올의 함량이 43~50%정도이다.

8　①②④는 알코올성 음료에 속하며, ③은 비알코올성 음료에 속한다.
　※ **음료의 구분**

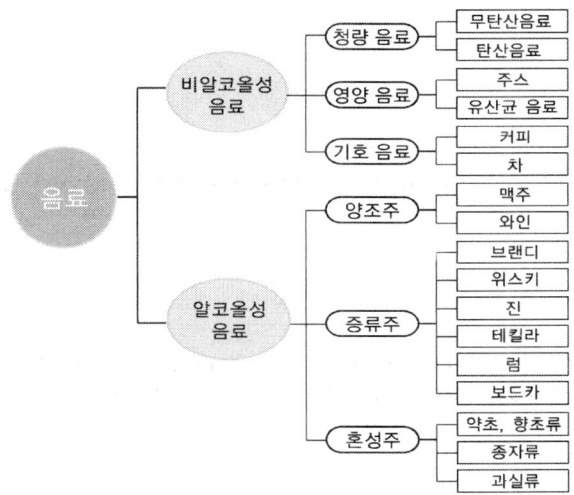

9　상면발효맥주는 15~20℃의 고온에서 발효시켜 효모가 위로 떠오르게 하는 방식의 맥주이며, 강력한 호프의 향과 높은 알코올 도수를 지니게 된다.

10　**세계 6대 증류주**
　• 위스키　　　　　　　　　• 브랜디
　• 보드카　　　　　　　　　• 럼
　• 진　　　　　　　　　　　• 테킬라

11 캐나디언 위스키는 아메리칸 위스키에 비해 호밀 사용량이 많다.

12 ①②③은 영국 진에 속하며, ④는 네덜란드 진에 속한다.
※ **영국 진**(England Gin)

봄베이 진 (Bombay Gin)   비피터 (Beefeater)   탱커레이 (Tanqueray)

※ **네덜란드 진**(Holland Gin)

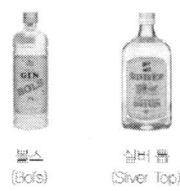

볼스 (Bols)   실버 톱 (Silver Top)

13 ① 화이트 테킬라에 대한 내용이다.

14 미디엄 럼(Medium Rum)은 라이트 럼 및 헤비 럼의 중간 형태로서 캐러멜 착색을 통해서 맛과 색을 내는 것으로 당액을 5~9일 정도 발효하며, 연속식 증류법을 통해서 증류한 후에 약 1년 정도 저장 및 숙성 과정을 거치게 된다.

15 라이트 럼(Light Rum)은 설탕을 만들고 남게 되는 당액을 2~4일 정도 발효하고 연속식의 증류법을 활용해서 증류한 후에 6개월 정도 저장 및 숙성의 과정을 거치게 된다.
※ **럼**(Rum)의 유명 브랜드

바카디 (Bacardi)   코루바 (Coruba)   론리코 럼 (Ronrico Rum)   마티니크 (Martinique)   바바도스 (Barbados)

16 보드카는 연속식 증류법을 통해서 95% 정도의 주정을 만든다.
    ※ 유명 브랜드의 보드카

17 안동소주는 처음 증류 시에 80도 가량의 높은 도수가 나오지만 점차적으로 도수가 내려가게 되어 45도 정도가 되면 증류를 마치게 된다.

18 스트레이너(Strainer)는 셰이커의 바디 또는 믹싱 글라스만 활용하였을 경우에 얼음을 거르기 위해서 사용하는 기구를 말한다.

19 리슬링(Riesling)은 포도당의 잔류량을 기준으로 단맛의 차이가 있다.

20 커피 재배의 조건에서 연평균 기온은 섭씨 18~24℃가 적합하며, 동시에 서리 등이 내리지 않는 지역이 좋다.

21 ④ 영양음료에 해당한다.

22 하면발효효모의 발효온도는 6~8℃로서 저온이고, 주 발효는 10~12일 정도로 끝나며 발효말기에는 발효조의 바닥에 침전하게 된다.

23 찻잎을 따는 시기에 따른 구분
    • 우전(雨前) : 곡우 이전의 어린잎을 따서 만든 극세작의 차
    • 세작(細雀) : 곡우와 입하 사이에 따서 만든 상품의 차
    • 중작(中雀) : 입하 이후 6월 하순 정도에 따는 차
    • 대작(大雀) : 8월 초순에서 중순사이에 따는 차

24 다건은 차행주를 의미한다.

※ **차 도구의 종류**
- 다건(茶巾) : 차행주
- 퇴수기(退水器) : 물버림 그릇
- 차호(茶壺) : 차를 담아 두는 통
- 찻잔(茶盞) : 차를 따라 마시는 잔(盞)
- 찻주전자, 다관(茶罐) : 차를 우려내는 그릇
- 차시(茶匙) : 찻숟가락(대나무, 감나무, 버드나무 등)

25 블렌딩의 기본원칙
- 맛의 조화 및 개성 등을 강조해야 한다.
- 배전단계와 특징별로 분류해야만 한다.
- 활용하는 커피를 특성별로 분류해야만 한다.
- 활용하는 생두의 안정적 확보를 염두해야 한다.
- 생두의 크기 및 건조 상태 등이 일정한 것을 선택한다.

26 와인 보관 시 적정 습도는 70% 정도이다.

27 화이트 와인은 차가운 것일수록 상큼한 맛이 그대로 남아 있어서 더욱 상쾌한 맛을 느낄 수 있는데, 이러한 적정 온도는 10~12℃이다.

28 생맥주 취급 시의 서비스 온도는 3~4℃ 정도가 적당하다.

29 쇼트 드링크(Short Drink)는 통상적으로 120㎖(4oz) 미만의 용량 글라스로 내는 음료를 말하며, 주로 술과 술을 섞어서 만든다. 칵테일은 잘 냉각된 음료이기 때문에 온도가 올라가지 않은 때에 가급적 빨리 마시는 것이 좋다.

30 ①②④는 과일주스(Fruit Juice)에 속하며, ③은 청량음료(Soft Drink)에 속한다.
　※ **청량음료**(Soft Drink)
　　• 콜라(Cola)
　　• 사이다(Cider)
　　• 진저 에일(Ginger Ale)
　　• 소다 워터(Soda Water)
　　• 토닉 워터(Tonic Water)
　　• 콜린스 믹서(Collins Mixer)
　※ **과일 주스**(Fruit Juice)
　　• 라임 주스(Lime Juice)
　　• 레몬 주스(Lemon Juice)
　　• 오렌지 주스(Orange Juice)
　　• 토마토 주스(Tomato Juice)
　　• 파인애플 주스(Pineapple Juice)

정답 및 해설
제2회 주장관리개론

1.④	2.③	3.②	4.①	5.③	6.④	7.④	8.③	9.③	10.③
11.①	12.①	13.①	14.③	15.②	16.③	17.④	18.②	19.②	20.①

1 ④ 아페리티프 칵테일은 식전에 마시는 칵테일로 맛에 따른 분류에 해당되지 않는다.

2 ③ 준벅(June Bug)에 들어가는 재료는 vodka, coconut rum, orange or pineapple juice와 같은 믹스가 들어간다.

3 ② 롱 드링크(Long Drink)와 쇼트 드링크(Short Drink)는 4온스(1온스=30㎖)를 기준으로 하여 이보다 적은 경우는 쇼트 드링크, 이상은 롱 드링크로 구분된다. 롱 드링크(Long drink)는 맥주처럼 길쭉한 컵에 따라 마시는 음료로서 Pina colada, Rum Punch, Singapore Sling 등이 대표적이다.

4 ① 표준 레시피가 없으면 일관된 맛을 낼 수 없다.

5 ③ 샴페인은 샴페인을 얼음과 함께 담아 차게 유지하는 서브 용기인 샴페인 쿨러(Champagne Cooler)에 담아 운반하는 것이 좋다.

6 ④ 와인은 최근에 생산된 것에서부터 오래 숙성된 순으로 마신다.

7 ④ 오래된 레드 와인의 침전물을 제거하기 위하여 디캔터 용기에 와인을 따라 옮기는 과정을 디캔팅(Decanting)이라고 한다.

8 ③ 재고를 필요이상으로 보유하는 경우 재고비용을 초래할 뿐이다.

9 ③ 정치적인 대화는 삼간다.

10 ③ 베큠 세이버(Vacuum Saver)라는 기구로 병속의 공기를 뽑아내어 진공 상태로 만들면 1주일 정도 보관이 가능하다.

11 ① 주장 원가의 3요소는 인건비, 재료비, 주장경비이다.

12 ① 스토퍼(Stopper)는 마시다 남은 샴페인을 탄산가스가 밖으로 새지 않도록 보존하는 역할을 한다.

13 ① 매출의 극대화는 해당하지 않는다.

14 ③ 선입선출은 FIFO(First In First Out)로 나타낸다.

15 ② 코스터는 컵 밑에 받치는 깔판을 말한다.

16 ③ Wine basket은 포도주를 식탁 위에 뉘어놓기 위한 바구니로 레드와인을 서브할 때 사용하는 기구이다.

17 ④ 선입선출의 원칙에 따라 가장 먼저 취득된 것부터 순차로 소비를 하며, 검수 과정은 생략하지 않는다.

18 ② 여과기(strainer)는 믹싱 글라스(Mixing Glass)에서 제조된 칵테일을 글라스에 따를 때 얼음이 흘러나오지 않도록 막아주는 역할을 한다.

19 ② 은기물은 세척기(Dish Washer)에서 뜨거운 물로 세척액을 사용하여 충분히 씻어낸다.

20 ① 코르크 마개는 잘 타지 않고 온도 변화와 진동에 저항력이 있다.

| 1.③ | 2.② | 3.① | 4.④ | 5.③ | 6.① | 7.④ | 8.④ | 9.① | 10.③ |

1 ③ 발효된 과일로부터 증류되어진 것은 브랜디다.

2 ② 무색, 무취, 무맛을 가진 것은 보드카이다.

3 「바텐더는 모든 가게의 주류와 혼합주에 대한 영어 이름에 정통해야 한다.」
※ be familiar with : ~에 정통하다

4 ④ 아페리티프(Aperitif)는 식전에 마시는 술로 식욕증진제라는 의미를 가지고 있다. Port wine은 주로 식후에 먹는 와인이다.

5 ③ John Jameson는 아이리시 위스키의 한 종류이다.

6 ① First come first serve은 선착순이란 뜻이다.

7 ④ How would you like~? ~를 어떻게 해드릴까요?
①②③ 주문하시겠어요?

8 ④ 오늘밤 모든 좌석은 예약되었다.

9 「W : 토스카나 레스토랑에 오신 것을 환영합니다.
　G : 3명이 앉을 수 있는 좌석이 있습니까?
　W : 죄송합니다. 모든 좌석이 예약되어 있습니다. 레스토랑 앞에서 대기해 주시겠습니까?
　G : 네.
　W : 기다리게 해서 죄송합니다. 손님을 위한 좌석이 있습니다.」

10 「당신이 식욕 증진을 위해 식전에 마시는 술을 너무 많이 마신다면, 나는 당신이 식욕을 잃게 될까봐 두렵습니다.」
　※ lose appetite : 입맛을 잃다.

취업준비하기
서원각과 함께 확실하게 취업 대비하자!

〈 자기소개서 및 면접 〉

▲ 자기소개서
Before&After

▲ 취업영어면접

▲ 여성을 위한
면접핸드북

▲ 서울시 공무원
영어면접

▲ 자신감
공무원면접

〈 기업체 통합본 〉

▲ 공사공단 채용
공사공단 인적성검사
공사공단 고졸채용 인적성검사

▲ 금융권 채용
금융권 인적성검사
금융권 채용 법학/ 경영학
금융경제 상식

▲ 대기업 채용
대기업 채용 인적성검사
대기업 고졸채용 인적성검사
대기업 생산직채용 인적성검사

네이버 카페 검색창에서 '기업과 공사공단'을 검색하셔서 네이버 카페 기업과 공사공단에 가입하시면 각종 시험 정보를 보실 수 있습니다.

서원각
한국사능력검정시험

1단계 한국사능력검정시험(중·고급) [무료동영상강의]
시대·주제별로 모은 실전 연습문제로 기초실력 다지기

2단계 한국사능력검정시험 실력평가모의고사(중·고급) [무료동영상강의]
출제가 예상되는 주요 문제들만을 모은 실전 모의고사로 실력 점검

3단계 기쎈 한국사능력검정시험 30일 벼락치기
30일만에 중요 핵심이론만 공부하여 최종마무리로 합격

1단계
한국사능력검정시험(중·고급)

2단계
한국사능력검정시험
실력평가모의고사(중·고급)

3단계
기쎈 한국사능력검정시험
30일 벼락치기

도도하고, 시원하고, (樂)즐거운 개념서
한국사능력검정시험 중급

이투스동영상 강의 교재 www.historyrang.com
이투스 한국사랑에서 핵심이론을 쏙쏙 골라주는
저자의 강좌 제공

이투스 한국사 대표강사 은동진과 다음 인기 웹툰 작가 Yami가 만났다! 은셰프와 코알랄라가 알려 주는 완벽한 시험 포인트는 QR코드를 통해 무료 제공으로 알아볼 수 있다. 또한 기출문제를 분석하여 시험에 나오는 개념 정리와 출제가 예상되는 핵심 문제를 엄선하였고 지도 및 도표, 사진 등 반드시 알아야 할 사료를 최다 수록하였다.